MANUEL
D'INSTRUCTION CIVIQUE

PAR BENJAMIN MOSSÉ

MEMBRE CORRESPONDANT DE L'ACADÉMIE DE MARSEILLE

La France ne pourra se relever
de son infortune que par l'instruction civique de tous ses enfants.

PARIS

SANDOZ ET FISCHBACHER, ÉDITEURS

33, RUE DE SEINE 33

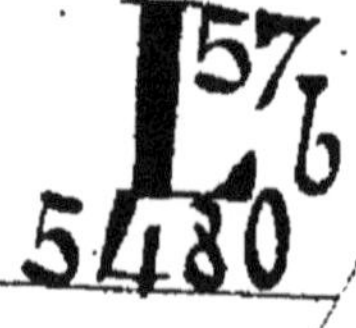

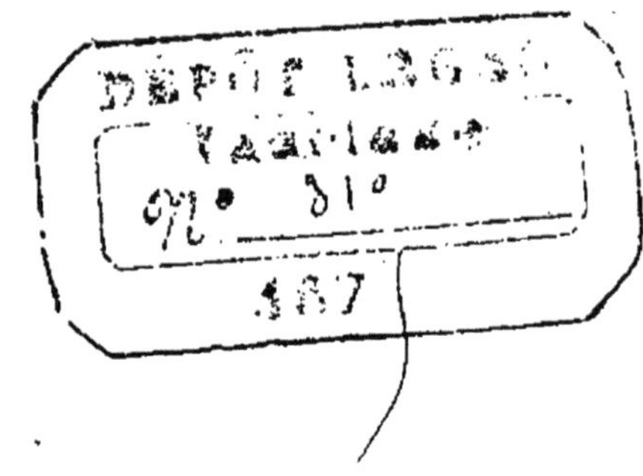

MANUEL
D'INSTRUCTION CIVIQUE

OUVRAGES DU MÊME AUTEUR

Accents de l'âme.................... 50 c.

Droits et devoirs de l'homme, (4e *édition*) 25 c.

Devoirs des enfants (2e *édition*)....... 60 c.

Gustave ou la propriété et le travail (3e *édition*)...................... 60 c.

Un ange du ciel sur la terre (2e *édition*) 3 f. 50 c.

Elévations religieuses et morales (2e *édition*)......................... 5 f.

Le Psautier de tous les cultes : Double traduction littérale et littéraire des Psaumes sur le texte hébreu..... 10 f.

MANUEL

D'INSTRUCTION CIVIQUE

PAR BENJAMIN MOSSÉ

MEMBRE CORRESPONDANT DE L'ACADÉMIE DE MARSEILLE

> La France ne pourra se relever de son infortune que par l'instruction civique de tous ses enfants.

PARIS

SANDOZ ET FISCHBACHER, ÉDITEURS

33, RUE DE SEINE 33

A Monsieur Adolphe FRANCK

Membre de l'Institut,

Professeur du Droit des Gens au Collége de France.

Daignez, Monsieur et illustre professeur, agréer la dédicace de cet humble *Manuel d'instruction civique*, que je viens de composer pour la jeunesse.

C'est la lecture assidue de vos ouvrages de philosophie morale, qui a donné naissance à ce modeste travail.

Son but unique étant de contribuer à former de bons et honnêtes citoyens, j'ose espérer qu'il sera digne de votre agrément et de votre précieuse approbation.

L'Auteur.

APPROBATION DE M. ADOLPHE FRANCK

Paris, le 5 mars 1873.

J'ai lu avec un grand intérêt le *Manuel d'instruction civique* que vous vous proposez de publier et dont vous avez bien voulu me communiquer le manuscrit.

Je ne puis que vous encourager dans votre projet, car votre travail répond à un besoin essentiel et qui n'a pas encore été complètement satisfait jusqu'ici.

Les idées et les sentiments que vous exprimez sont dignes d'être répandus dans toutes les classes de la société française.

Je vous remercie de l'honneur que vous me faites en me dédiant ce petit livre, et je vous prie de recevoir l'assurance de mes sentiments les plus distingués.

Signé : AD. FRANCK.

PREMIÈRE PARTIE

I

DIEU

DEVOIRS RELIGIEUX DE L'HOMME

D. — Qu'est-ce que Dieu ?

R. — Dieu est le créateur du ciel, de la terre, des mers et de tout ce qui y est renfermé ; il est le souverain maître de toutes choses ; il gouverne les mondes et veille à la conservation de toutes ses créatures.

Dieu est le but suprême auquel nous

devons aspirer de tous nos efforts, le modèle de vérité, de beauté, de justice et de bonté, que nous devons nous appliquer à reproduire dans tous les actes de notre vie ; Dieu est le juge infaillible qui récompense nos vertus et qui punit nos crimes; Dieu est, enfin, le principe de toute science, de toute morale, de tout droit, de toute lumière, de tout progrès, de toute paix, de tout bonheur.

D. — Comment vous élevez-vous à l'idée de Dieu ?

R. — Tout d'abord, par le sentiment de notre fragilité, de notre impuissance : ce sentiment nous fait immédiatement concevoir un Etre tout-puissant qui nous soumet bon gré, mal gré, à ses éternelles et universelles lois.

D. — Où ce sentiment éclate-t-il, en nous, avec une force irrésistible ?

R. — En présence d'un mourant : la mort de notre semblable qui s'éteint sous nos regards, malgré les efforts de la science humaine, malgré les soins les plus affectueux et les plus assidus, nous enseigne journellement qu'il existe un Etre invisible qui tient en ses mains la vie de tout ce qui respire et le souffle qui anime tous les hommes.

D. — N'y a-t-il pas en nous un sentiment, plus profond encore, qui nous élève à Dieu ?

R. — C'est celui de notre propre existence.

D. — Comment ce sentiment fonde-t-il l'idée d'un Être suprême ?

R. — En vertu d'un axiôme, c'est-à-dire d'un principe absolu, auquel l'esprit humain ne saurait se dérober, à moins de cesser d'être lui-même et de ne plus penser selon les règles immuables de la raison.

D. — Quel est cet axiôme ?

R. — C'est que : tout effet a une cause,

toute œuvre un auteur, tout ouvrage un artisan.

D. — Comment cet axiôme amène-t-il à la nécessité d'un Etre suprême?

R. — Par le raisonnement que voici :

Notre conscience nous révèle notre propre existence comme êtres pensants, aimants et voulants, et nos sens extérieurs nous révèlent l'existence du monde matériel : il faut nécessairement que le monde et nous, ayons eu un auteur.

Or, cet auteur n'a pu être ni moi, ni aucun de mes semblables, car nous sommes tous également passagers, variables, contingents, c'est-à-dire, n'existant pas par nous-mêmes, ayant notre raison d'être dans un autre être ; il n'a pu être, non plus, le monde matériel qui nous entoure, qui est, comme nous, contingent, lequel, d'ailleurs, n'ayant ni pensée, ni sentiment, ni liberté, — attributs essentiels de notre nature — n'aurait pu nous les communiquer; et si nous remontons la chaîne des êtres qui nous ressemblent, desquels nous sommes issus, ou celle des êtres de l'univers, nous leur reconnaissons la même contingence ; donc, il faut logiquement s'arrêter à un Etre qui n'a pas eu d'auteur, qui est nécessaire, qui est la cause première de toutes les existences, le principe primordial de la pensée, du sentiment et de la liberté.

D. — Quelle est la seule manière rationnelle de définir l'Etre suprême ?

R. — C'est de dire qu'il est l'Etre par excellence, possédant toutes les perfections, et au dessus duquel on ne saurait en concevoir un de plus grand.

D. — Quelles sont les autres idées fondamentales qui nous élèvent à Dieu ?

R. — Ce sont : 1° l'idée de la justice, laquelle, éveillant en nos cœurs la loi morale, nous révèle un législateur souverain, qui unit par un lien indissoluble le bien et le bonheur, qui efface le mal par l'expiation, duquel émane, en nous, cette lumière intérieure qui éclaire toutes les consciences, cette règle absolue qui s'impose impérieusement à tous nos actes : règle sainte, dont l'observation fait notre satisfaction personnelle et nous attire l'estime publique, mais dont l'oubli fait nos remords et nous attire la réprobation générale; 2° les idées de l'unité, de l'immensité, de l'éternité, de l'infini, de la perfection, que nous portons en nous, et qui, ne pouvant nous être données par notre nature, ni par celle du monde extérieur, — également limitées dans le temps et dans l'espace, également divisibles, finies et imparfaites — ne sauraient nous venir que d'un Etre qui possède réellement ces attributs.

D. — Quel est le sentiment qui vient fortifier ces preuves, que la raison nous donne, de l'existence de Dieu?

R. — C'est l'amour du bien et du beau qui brûle en nos cœurs, amour qu'aucune des beautés morales ou physiques de la terre ne saurait satisfaire, et qui pousse incessamment notre âme, mécontente ici bas, en proie au vide et à l'ennui, vers celui qui est l'essence même du bien et du beau, et qui seul peut répondre à nos hautes aspirations, à nos pieux désirs.

D. — N'y a-t-il pas d'autres preuves de l'existence de l'Etre suprême?

R. — D'une part, le ciel étoilé au-dessus de nos têtes, le soleil, la lune et tous ces mondes innombrables, suspendus dans l'immensité, roulant à des distances incommensurables sans jamais se heurter dans leurs courses prodigieuses; toutes les merveilles de la voûte azurée; toutes celles des divers règnes de la nature; la sagesse, l'ordre et l'harmonie qui se manifestent dans l'ensemble de la création, la régularité avec laquelle s'éxécutent toutes les lois de l'univers, la prévoyance avec laquelle chaque créature a reçu l'instinct et les moyens de sa conservation; d'autre part, la vérité qui est la règle absolue de nos pensées, la bonté qui est l'inspiratrice de nos actes, la beauté qui répand ses mille reflets dans le monde physique et moral, l'amour pur, sans mélange, sans relâche, qui est le type de nos amours terrestres, la vertu qui nous commande le respect et nous dicte sa loi, sont autant de preuves irréfutables qu'il existe un Etre créateur, tout puissant, ineffable, source unique de toutes les choses grandes, vraies, bonnes et belles, de tout ce qui fait descendre, en nous, les émotions douces et pures, de tout ce qui nous remplit de reconnaissance pour l'auteur invisible de tant de bienfaits.

D. — L'humanité n'a-t-elle pas toujours cru en Dieu?

R. — Tous les peuples, civilisés ou

sauvages, ont toujours et à toutes les époques, sous une forme ou sous une autre, reconnu et adoré une puissance mystérieuse et invisible, maîtresse souveraine de la nature et d'eux-mêmes, suprême arbitre de leurs destinées, providence du monde, soumettant à ses lois les individns et les nations.

D. — Qu'est-ce qui peut porter l'homme à nier l'Etre suprême?

R. — Le crime, l'orgueil ou l'ignorance.

D. — Expliquez-vous?

R. — Le crime fait nier à l'homme, qui est coupable, le Juge infaillible qu'il redoute, et à la justice duquel il sait bien que ses méfaits, tôt ou tard, n'échapperont point.

L'orgueil ferme à la lumière les yeux de celui qui en est possédé, étouffe en lui la voix de la conscience et de la raison, altère son sens intellectuel et moral, au point qu'il attribue la création au hasard, cet être chimérique et absurde, ou à la matière éternelle, incompréhensible, inexplicable, qui laisse sans solution les énigmes de la nature, énigmes dont l'explication se trouve parfaitement dans l'existence d'un Etre suprême.

L'ignorance dérobe à l'homme la loi nécessaire des causes et des effets ; la sagesse, l'ordre et l'harmonie des merveilles de la nature ; l'enchaînement providentiel des événements de la vie des individus ou des peuples, et le porte ainsi à nier le Créateur qu'il ne comprend pas.

D. — N'y a-t-il pas cependant des hommes honnêtes et instruits qui nient Dieu ?

R. — Malheureusement il existe des hommes légers, des demi-savants, qui, sans se préoccuper des conséquences funestes de leur langage, et sans pouvoir démontrer leur déplorable assertion, osent nier l'Etre suprême, dont ils n'ont pas assez appris à connaître l'action providentielle sur la nature et sur l'humanité.

D. — Quel est ainsi le meilleur moyen d'arriver à la proclamation de la Divinité ?

R. — C'est une instruction complète et entière, une étude approfondie des lois de la nature. « Peu de science, a dit un sage, éloigne de Dieu, beaucoup en rapproche. » (BACON.)

D. — Ne connaissez-vous pas un grand témoignage moderne en faveur de cet enseignement?

R. — C'est celui qu'un illustre vieillard, le plus grand homme d'Etat de notre époque, Thiers, a porté à la tribune française le 29 novembre 1872.

D. — Quel est ce témoignage?

R. — « Il y a des hommes, a-t-il dit, qui s'imaginent que la nature bien étudiée repousse l'idée de Dieu. Hé bien, moi je viens de passer quinze années de ma vie, les meilleures de ma vie, dans ces nobles études, et je me suis convaincu, plus j'observais cette nature, que la nature bien étudiée proclame l'auteur de l'ordre universel au milieu duquel nous sommes placés. »

« Oui, je me suis convaincu que ce n'est que la nature faiblement et médiocrement étudiée, vue, je dirai d'un œil louche et faiblement observateur, ce n'est que cette nature là qui proclame l'athéisme !

« Non, non ! messieurs ; heureusement Dieu permet à l'homme toutes les erreurs ; en le faisant libre, il lui permet même de le méconnaître ; mais cette méconnaissance n'est que d'un moment et la société moderne n'aboutira pas à ces détestables doctrines, et surtout la société française ne s'y laissera pas séduire et tromper ! »

D. — Qu'est-ce que l'homme doit à Dieu ?

R. — Il doit lui consacrer sa vie par des actes continuels de reconnaissance, d'hommage et d'adoration.

D. — Quel est le meilleur moyen de témoigner notre gratitude à Dieu?

R. — C'est de nous rendre dignes de sa bonté par nos efforts à concourir à ses sages desseins.

D. — Comment accomplir ce devoir sacré?

R. — 1° Par l'exercice et le développement des facultés admirables dont il nous a doués; 2° par notre application à le connaître, à nous convaincre de son existence, à nous pénétrer de sa grandeur, de sa bonté, de sa sagesse, de sa justice, de sa puissance; 3° par notre perfectionnement et par celui de nos semblables; 4° enfin, par le règne en nos cœurs de la loi morale, ce céleste reflet de la justice éternelle, cette source bénie des vertus viriles, des nobles labeurs, des actions charitables et généreuses, du courage, de la résignation, des douces consolations et des sublimes espérances !

D. — Quelle est pour l'homme la vraie manière de rendre hommage au Créateur et de l'adorer ?

R. — C'est : 1° de contempler les merveilleux effets de sa providence sur tous les êtres de la nature, sur la vie des individus comme sur celle des peuples ; 2° de faire remonter jusqu'à lui toutes nos jouissances physiques, morales et intellectuelles ; 3° de nous humilier, dans toutes les situations, sous les décrets de sa suprême volonté ; 4° d'adorer, en toute circonstance son amour et sa justice : en un mot, de lui vouer notre cœur et notre âme, c'est-à-dire, notre culte intérieur.

D. — Ce culte intérieur est-il le seul que l'homme doive à Dieu ?

R. — Au devoir de connaître, d'aimer et d'adorer notre Créateur, se joint, comme un besoin de notre nature, celui d'exprimer publiquement notre adoration pour lui, car le culte extérieur est à la foi, ce que la parole est à la pensée : il en est la manifestation sensible.

D. — Le culte extérieur n'est-il qu'un besoin de notre nature ?

R. — Il est également une obligation de notre conscience envers nos semblables : nous devons communiquer à nos frères et, surtout, à nos enfants, par des signes extérieurs, par des pratiques, par des symbôles, par la prière, l'idée sublime que nous nous faisons de l'auteur de toutes choses, la piété et les saintes émotions que nous inspirent la contemplation de ses œuvres et la méditation de ses attributs infinis, afin de rendre un plus éclatant hommage au souverain maître de la nature, en même temps que nous faisons partager notre bonheur à tous ceux qui nous imitent et qui se mêlent à notre adoration.

D. — Le culte extérieur n'est-il pas également, pour nous-mêmes, un sujet d'édification?

R. — Sans nul doute : les signes de notre adoration et de notre piété nous excitent à l'amour divin, entretiennent notre foi, disciplinent notre âme, l'accoutument à la règle, nous maintiennent dans notre pureté et nous rendent meilleurs.

D. — Le culte extérieur sans le culte intérieur, a-t-il quelque mérite?

R. — Non. Le culte extérieur n'est en quelque sorte qu'une émanation du culte intérieur; s'il se manifeste sans ce dernier, ce n'est alors qu'un acte d'hypocrisie dont tout honnête homme doit toujours se garder.

D. — Parmi les devoirs de l'homme envers Dieu, n'en est-il pas un qui les domine tous?

R. — C'est la pratique de la loi morale, et, par conséquent, l'accomplissement des devoirs sacrés qu'elle nous dicte dans toutes les situations de la vie et au prix de tous les sacrifices; c'est, en d'autres termes, l'observation constante de la justice et de la charité, ces deux règles inviolables de tous nos devoirs, soit dans la famille, soit envers la société, soit envers la patrie, soit envers nous-mêmes. Nous ne saurions rendre, en effet, un plus agréable hommage au Créateur que de faire régner, à tout âge, dans notre conduite, l'harmonieuse réalisation de ces deux principes éternels.

II

LA FAMILLE

DROITS ET DEVOIRS DES DIVERS MEMBRES DE LA FAMILLE

D. — Quelle est l'institution où les deux principes fondamentaux de la loi morale, la justice et la charité, doivent trouver leur première application ?

R. — C'est la famille.

D. — Qu'est-ce que la famille ?

R. — C'est cette société intime où s'é-

2.

panouissent et s'entretiennent les plus doux et les plus nobles sentiments du cœur humain.

D. — Quelle est la raison d'être de la famille?

R. — C'est l'impuissance où se trouve l'être humain à sa naissance et le besoin qu'il a d'être élevé par des protecteurs infatigables et dévoués, jusqu'à ce qu'il soit capable de faire usage de ses facultés, de ses forces, pour vivre et suivre sa destinée.

D. — Quels sont les protecteurs obligés de tout être humain?

R. — Ce sont ceux qui lui ont donné le jour.

D. — Pourquoi?

R.— Parce que, s'étant volontairement et intelligemment unis pour appeler à la vie un être qui ne pouvait demander à vivre, puisqu'il n'existait pas, ils seraient coupables d'injustice et d'inhumanité, si, après lui avoir donné cette existence non demandée, ils le privaient des secours indispensables à sa conservation, à son entretien, à son développement corporel, intellectuel et moral.

D. Quels sont ainsi les devoirs rigoureux du père et de la mère vis-à-vis de leurs enfants?

R. — Ce sont : de les nourrir, de les soigner, de les élever, de les instruire, de leur donner une profession, surtout de leur prêcher d'exemples, afin de les rendre capables de gagner honorablement leur vie et de devenir des membres intelligents, honnêtes et utiles de la société.

D. — Outre ces devoirs de justice, n'y a-t-il pas pour les parents d'autres devoirs vis-à-vis de leurs enfants?

R. — Incontestablement, ils ont encore à remplir envers eux des devoirs de charité. Les seules obligations de nourrir, d'élever, de moraliser, d'instruire et de former au travail les êtres que l'on a appelés à la vie, ne suffisent pas au cœur du père et de la mère. La charité commande que nous nous acquittions de ces devoirs rigoureux avec empressement, prévoyance, douceur, bonté, tendresse, avec une sollicitude infatigable de toute heure, de tout instant, sollicitude qui nous inspire le dévouement, le sacrifice, l'abnégation, l'oubli de nous-mêmes, l'amour, en un mot, ce sublime sentiment qui fait du père et de la mère les fidèles messagers de la Providence auprès des êtres qu'elle leur confie.

D. — Que fondent ces deux ordres de devoirs paternels et maternels ?

R. — Les premiers, qui sont rigoureusement obligatoires, fondent l'autorité du père et de la mère, autorité qui s'impose à la volonté des enfants jusqu'à leur majorité et à leur indépendance, et qui a droit à leur obéissance et à leur respect.

Les seconds, que le cœur seul inspire, fondent le droit des parents à la reconnaissance de leurs enfants, à leur dévouement et à leur amour, amour qui tient de celui que nous devons éprouver pour l'Auteur suprême de toutes les existences, et qui prend, à ce titre, le nom auguste et sacré de piété filiale.

D. — Quels sont ainsi les devoirs des enfants envers leurs auteurs ?

R. — Ils sont de deux ordres : 1° devoirs d'obéissance et de respect ; 2° devoirs de gratitude, de dévouement et d'amour.

D. — Quelle est la limite de ces devoirs ?

R. — Rigoureusement, l'enfant ne doit obéissance à ses parents que durant sa minorité, c'est-à-dire, pendant tout le temps qu'il ne peut se suffire à lui-même et qu'il est sous leur dépendance : son obéissance étant une des conditions essentielles de son éducation. Mais une fois son éducation terminée et mis en possession de lui-même, son obéissance n'est plus obligatoire, ni exigible ; elle entre alors dans la catégorie des devoirs de second ordre, inspirés par le cœur.

Ceux-là ne cessent pas un seul instant d'être moralement obligatoires jusqu'à la mort, et plus les auteurs de nos jours approchent de la vieillesse, plus nos devoirs de respect et de dévouement deviennent impérieux. Un moment arrive même où le père et la mère sont, pour ainsi dire, comme les enfants de leurs enfants et réclament d'eux les mêmes soins, la même sollicitude, les mêmes sacrifices, dont ils les avaient entourés durant leur jeunesse. C'est alors un retour de dévouement qui s'impose au nom de la justice, comme au nom de la nature. Malheur aux enfants qui s'y dérobent ou même qui s'en acquittent incomplétement ; leur exemple produira certainement à leur égard la même ingratitude dans le cœur de leurs enfants, et leur conscience leur en fera, tôt ou tard, de cruels reproches.

D. — Quelles sont les heureuses conséquences de l'accomplissement des devoirs des parents?

R. — Ce sont : 1° la sanctification de la famille, par la pratique des vertus domestiques; 2° sa moralisation, par les bonnes mœurs qui retiennent le père et la mère au foyer et maintiennent leur fidélité conjugale, et par le travail qui entretient, fortifie, stimule leurs forces, en faveur de ces êtres chéris, dont le bonheur présent et à venir est l'objet de leurs labeurs et de leurs espérances.

D. — Quelles sont les heureuses conséquences de l'accomplissement des devoirs des enfants?

R. — Ce sont : 1° de récompenser le dévouement et les sacrifices de leurs auteurs, de les encourager dans leur mission difficile et souvent douloureuse; de les consoler de leurs peines et de leurs épreuves, de couronner leur vieillesse; 2° d'ennoblir les enfants qui s'en acquittent pieusement; de développer en eux les germes de tous les autres bons sentiments de l'âme; de déposer dans leur conscience une satisfaction inaltérable qui est pour eux, durant toute leur vie, une source de noble fierté, de suaves plaisirs, de douces consolations, de force et de grandeur; 3° enfin, de réaliser dans la famille l'alliance intime du respect et de l'amour, ces deux sentiments qui sont les fondements de la société, et auxquels se forment et se préparent les hommes au sein du foyer domestique.

D. — Sur quels motifs sont fondés les devoirs des enfants envers leurs parents?

R. — 1° Sur le sentiment, inspiré dès le bas âge aux enfants par les soins affectueux des parents; 2° sur la justice, car les enfants doivent à leurs parents le retour et l'indemnité des soins qu'ils en ont reçus et même des dépenses qu'ils leur ont causées; 3° sur l'intérêt personnel, puisque si les enfants traitent mal leurs parents, ils donnent à leurs propres enfants des exemples de révolte et d'ingratitude qui pourraient les autoriser un jour à leur rendre la pareille.

D. — Si les parents se trompent dans leur volonté à l'égard de leur enfant, quelle doit être la conduite de ce dernier?

R. — Il ne lui est point permis de se révolter contre leur parole; il peut seulement leur présenter de respectueuses observations et s'en remettre à leur sollicitude et à leur sagesse.

D. — Quelle est la plus douce satisfaction que les enfants puissent donner à leurs parents?

R. — C'est le spectacle de leur concord

de leur amitié, de leur dévouement fraternels.

D. — Sur quoi repose l'union fraternelle?

R. — Sur la nature et sur une communauté d'origine et d'éducation.

D. — Expliquez-vous?

R. — Ne serait-ce pas contre nature que des êtres intelligents et libres, qui ont été conçus dans le même sein, qui portent dans leurs veines le même sang, qui ont grandi ensemble sous le même toit, qui ont participé aux mêmes joies du foyer, aux mêmes émotions, aux mêmes douleurs, aux mêmes espérances, que les mêmes mains ont façonnés, que la même direction a conduits et dont les âmes aussi bien que les corps émanent de la même substance, ne serait-ce pas contre nature qu'ils ne fussent pas unis par les liens les plus étroits et les plus forts?

D. — Quels sont les devoirs des frères entre eux?

R. — Ce sont : 1° d'avoir l'un pour l'autre une mutuelle tendresse, une confiance illimitée, au point qu'ils puissent compter absolument l'un sur l'autre et se retrouver soi-même l'un dans l'autre ; 2° d'être prêts, en toute circonstance, à recevoir mutuellement la communication de leurs soucis, de leurs peines, de leurs projets, de leurs espérances ; 3° de se secourir réciproquement de leurs conseils, de leur crédit, de leur fortune, de leurs bras, de leur présence, et de s'accorder l'un à l'autre le même appui, au jour du besoin.

Manquer à ces devoirs envers des frères ou des sœurs, c'est se rendre indignes de les posséder et se priver soi-même des affections les plus douces, les plus vraies, les plus durables du cœur humain.

D. — Dans quels rapports le sentiment fraternel a-t-il le plus de puissance et le plus de grâces ?

R. — C'est dans ceux qui existent entre le frère et la sœur : « Il semble, dit un grand moraliste moderne, qu'on ne puisse trouver que dans le ciel quelque chose de comparable à ce commerce, plus tendre que l'amitié, et pur des orages et des convoitises de l'amour. » (Franck.)

D. — Dans quel cas l'oubli des devoirs fraternels est-il non-seulement une privation des plus saintes émotions, mais encore un véritable crime ?

R. — C'est lorsque la mort a ravi prématurément le père et la mère à leurs enfants. C'est alors aux aînés de continuer à l'égard des plus jeunes la mission des parents décédés : s'y dérober, serait de leur part une trahison.

D. — En quoi consiste cette mission ?

R. — « A faire jouir les orphelins du patrimoine paternel, non-seulement des biens matériels laissés en partage, mais encore de l'éducation de famille, dont les aînés ont déjà reçu les bienfaits » (Franck).

D. N'y a-t-il pas un grand sentiment qui, à lui seul, suffirait pour engager les enfants d'une même famille à s'acquitter mutuellement de leurs devoirs ?

R. — C'est le respect du nom que l'on porte. Nul ne peut demeurer insensible à l'honneur ou à l'infamie de son nom. Or, laisser sans défense, aux prises avec l'ignorance ou la misère, un des membres de sa famille, c'est exposer son nom à d'inévitables dégradations.

D. — Quel est pour la famille l'heureux effet de cette solidarité ?

R. — C'est d'être pour chaque membre de la famille une mutuelle protection, une réciproque sauvegarde, et pour la famille entière un élément de force et de durée.

D. — Quelle est l'institution fondamentale sur laquelle reposent tous les devoirs de famille ?

R. — C'est le mariage.

D. — Qu'est-ce que le mariage ?

R. — C'est un engagement contracté devant la société et devant Dieu, par lequel deux êtres humains de sexe différent, intelligents et libres, mettent en commun toute leur existence, leurs corps et leurs âmes, leurs personnes et leurs volontés.

D. — Quel est l'idéal du mariage réclamé par le cœur humain ?

R. — C'est celui où se confondent dans une douce harmonie l'amour et le devoir, l'amour purifié par le devoir, le devoir fortifié par l'amour.

D. — Quels sont les principaux devoirs des époux entre eux ?

R. — Ce sont : la fidélité, le dévouement, le respect et l'indulgence.

D. — Quels sont, pour les époux, les heureux effets de l'accomplissement de ces devoirs ?

R. — Ce sont : de se rendre mutuellement satisfaits, de se soutenir, de se fortifier, de se consoler à travers les épreuves dont la vie est pleine, et d'établir dans leur foyer des habitudes d'ordre, utiles à sa conservation et à sa prospérité.

D. — Quel doit être le rôle du mari dans l'union conjugale ?

R. — C'est d'être pour sa femme un protecteur, un guide, un soutien ; de lui fournir sa subsistance, son entretien, la satisfaction de tous ses besoins ; de lui procurer, enfin, le bien-être, la considération et l'honorabilité.

D. — Quel doit être celui de la femme ?

R. — C'est d'être pour son époux une compagne douce et bienfaisante, une amie pleine de prévenances et d'attentions, prodigue de soins affectueux, capable de soutenir ses efforts, de calmer ses peines, de relever ses espérances, d'être, en un mot, pour lui une source de paix et de repos, une sage conseillère dans la prospérité, une force et une consolation dans l'infortune.

D. — Comment la sagesse antique qualifie-t-elle la femme qui remplit ses devoirs et celle qui s'y dérobe?

R. — La première est appelée un don du ciel, et la seconde un être funeste, plus amer que la mort.

En effet, si une épouse pieuse et sensée, laborieuse et modeste, aimante, douce et fidèle, est pour son mari et ses enfants, une source de célestes bénédictions, celle qui manque à ses devoirs, qui néglige sa maison, qui songe au luxe et à la coquetterie, qui dépense en vains atours le fruit de la sueur de son mari, qui délaisse ses enfants pour courir à ses plaisirs, tandis que son mari se fatigue à la peine, courbé sous le poids du jour, celle-là est bien une compagne indigne, malfaisante, un être funeste à son mari et à ses enfants.

D. — Quel est le devoir du mari qui a une épouse modèle?

R. — C'est d'entretenir en elle, par ses égards et ses attentions, les vertus qui la distinguent; de se méfier lui-même de tout ce qui pourrait le distraire ou le détourner de ses devoirs; de ne pas oublier, enfin, que le véritable bonheur d'un honnête homme est au sein de sa famille, auprès de sa femme et de ses enfants, que là seulement se trouvent l'ordre et la moralité, la satisfaction et la paix de la conscience.

D. — Quel est le devoir de l'épouse irréprochable que son mari délaisse?

R. — C'est de le ramener au foyer par sa constante pureté, par un redoublement de prévenances et de tendresse, par le pardon et la générosité.

D. — Quelle est la vertu de l'épouse qui est le parfum de toutes les autres?

R. — C'est la pudeur, ce plus bel ornement de la femme, qui sauvegarde ses bonnes mœurs et qui lui conserve l'estime et le respect.

Or, le mariage est bien la fusion de deux existences qui se complétent selon les desseins de la Providence, mais ce n'est pas l'abandon, par l'un ou l'autre des conjoints, de ce qui fait leur dignité et leur valeur.

L'épouse doit donc garder sa chasteté, même à l'égard de son mari, si elle veut conserver l'estime et le respect qu'elle a le droit d'attendre de lui.

La pudeur de la femme est son plus touchant apanage ; imprudente est celle qui s'en dépouille, même aux yeux de son époux !

D. — Quel serait le sort d'une société d'où le mariage serait banni ?

R. — Ce serait d'être condamnée à périr, car, sans mariage point de famille, ni de moralité, ni de dignité ; point de dévouement, point de sacrifices ; rien qu'égoïsme, dissolution des mœurs, dépravation, ruine et abrutissement.

III

LA SOCIÉTÉ

LA MISSION DE L'HOMME, SES DROITS ET SES DEVOIRS SOCIAUX

D. — La solidarité qui doit exister entre les membres d'une même famille ne doit-elle pas régner ailleurs?

R. — Elle doit régner entre tous les membres de la société : chacun étant intéressé à la bonne conduite, au perfectionnement et au bonheur de son prochain, et recevant fatalement le contrecoup de son inconduite, de sa dégradation ou de son infortune.

D. — Qu'est-ce donc que la société?

R. — C'est une vaste association d'individus humains, qui, dans un intérêt commun de vie et de conservation, se sont garanti leurs droits réciproques, et qui, unissant leurs efforts et échangeant, par l'industrie et le commerce, les fruits de leurs travaux, s'entr'aident mutuellement, se facilitent et se rendent heureuses leur propre existence et celle de leurs familles.

D. — Sur quoi repose cette association entre les individus humains?

R. — Sur une commune nature, une commune origine, des facultés identiques, une égale destinée, les mêmes besoins, les mêmes aspirations, les mêmes espérances.

D. — Quels sont les principes de cette association?

R. — Ce sont des principes de conservation, de bien-être et de progrès, principes sans lesquels non-seulement les individus, mais les familles, d'une part, ne pourraient résister longtemps aux ennemis d'alentour et périraient promptement, et, d'autre part, finiraient par s'éteindre dans une misère incurable, ou, du moins, traîneraient une triste existence au milieu d'efforts impuissants pour progresser, pour arriver au bien-être.

D. — Quel est encore le grand principe qui sert de fondement à la société?

R. — C'est le principe de la sociabilité humaine, qui a ses racines dans notre nature, car l'homme est un être essentiellement sociable.

D. — Démontrez ce principe.

R. — Physiquement, il est impossible à l'homme, sans le concours de ses semblables, de vivre, de se conserver, de s'abriter contre les rigueurs de la nature, de se défendre contre les attaques des animaux féroces; moralement, la solitude lui est odieuse, il a un besoin impérieux d'entendre la voix de son prochain, de contempler la figure humaine; ses sentiments demandent à s'épancher dans le cœur d'un ami et à être partagés ; intellectuellement, sa pensée veut être communiquée au dehors et veut l'être par l'expression de la parole s'adressant à des êtres comme lui, pensants et parlants; de plus, les plus doux plaisirs de l'homme sont dans le commerce de ses semblables, dans le concert ou l'échange de ses idées et de ses émotions avec les leurs ; en un mot, la société humaine est une nécessité de notre nature et elle a été instituée par notre Créateur.

D. — Qu'est-ce qui caractérise chaque membre de la société humaine ?

R. — C'est d'être une personne morale, intelligente et perfectible.

D. — Qu'est-ce qu'un être moral ?

R. — C'est celui qui porte en soi l'idée de la liberté et celle de la justice, qui les aime et les pratique sans faiblesse et sans oubli.

D. — Qu'est-ce que la liberté ?

R. — C'est le droit inaliénable qu'a tout être humain de déployer, sans entraves, ses forces constitutives et naturelles.

D. — Qu'est-ce que la justice ?

R. — C'est cette loi absolue qui s'impose souverainement à notre conscience, et qui nous ordonne de rendre à chacun ce qui lui est dû.

D. — Qu'est-ce qu'un être intelligent ?

R. — C'est celui qui porte en soi la raison, qui, d'une part, observe, juge, réfléchit, médite et comprend la vérité, le bien, la justice, et qui, d'autre part, s'étudie soi-même, afin de se connaître, d'affirmer et de poursuivre sa destinée, laquelle est d'atteindre au bonheur par l'accomplissement de ses devoirs.

D. — Qu'est-ce enfin qu'un être perfectible ?

R. — C'est celui qui se sent poussé invinciblement par une force intérieure, au développement de toutes ses facultés, au perfectionnement de sa personnalité, dans toutes les directions possibles, à son élévation incessante vers l'idéal sublime et immortel qu'il porte dans son sein.

D. — Quelle est ainsi la mission de l'homme?

R. — C'est de travailler, sans défaillance et sans relâche, à la poursuite de sa destinée, par la revendication de ses droits et par l'accomplissement de ses devoirs.

D. — Qu'entend-on par droit?

R. — Ce que tout être humain a pour devoir de réclamer au nom de la justice, c'est-à-dire, tout ce qu'il doit faire pour accomplir sa destinée sans faire obstacle à la destinée d'autrui.

D. — Quels sont les principaux droits sans le respect desquels toute société humaine est impossible?

R. — Ce sont les droits : 1° à la vie; 2° à la liberté : liberté d'action, de pensée, de conscience; 3° à la propriété : propriété matérielle, intellectuelle et morale.

D. — Pourquoi ces droits sont-ils inviolables ?

R. — Parce qu'ils sont impérieusement réclamés par la satisfaction des forces essentielles de la nature humaine.

D. — Ces forces se manifestent-elles chez tous les êtres humains ?

R. — Oui : à moins d'être frappé d'aliénation mentale, tout homme se sent le droit de vivre, d'agir, de croire selon sa conscience, de penser librement; de jouir du fruit de ses labeurs et de sa conduite, de posséder sa fortune matérielle ou ses œuvres intellectuelles, et d'en disposer à son gré; enfin, de conserver intactes sa réputation noblement acquise et son honorabilité.

D. — Quelles sont les seules limites de ces droits ?

R. — Ce sont les mêmes droits chez autrui.

D. — Que résulte-t-il de ces droits réciproques également impérieux ?

R. — Les mêmes réciproques devoirs.

D. — Quelle est la formule consacrée pour exprimer cette corrélation qui existe entre les droits et les devoirs ?

R. — « Ne fais pas à autrui ce que tu ne voudrais pas qu'on te fît. »

D. — Que mériterait l'homme qui ne respecterait pas les droits d'autrui ?

R. — Que l'on ne respectât pas les siens.

D. — Que produirait ce mépris réciproque des droits communs ?

R. — D'incessantes représailles, des crimes, des malheurs continuels et la ruine de la société.

D. — N'y a-t-il pas d'autres devoirs que ceux qu'impose la justice ?

R. — Il en est d'autres, non moins impérieux, que commande la charité.

D. — Qu'est-ce que la charité?

R. — C'est la seconde des deux grandes vertus sociales qui fondent tous nos devoirs : elle consiste à faire du bien à nos semblables, tandis que la première de ces vertus, la justice, consiste à nous abstenir du mal, ou à réparer celui que nous avons déjà fait.

D. — Quels sont les heureux effets de la charité parmi les hommes?

R. — Tandis que la justice pose les hommes, les uns en face des autres, chacun dans son droit, et en fait des personnes libres, égales, se devant un mutuel respect, la charité fait des frères, de ces êtres égaux et libres, et, au respect qu'ils se doivent, joint l'amour qu'elle inspire en unissant les âmes, qu'elle remplit de bienveillance et de bonté, d'indulgence et de générosité. Tandis que la justice se borne à nous défendre l'homicide, la tyrannie, le vol, le mensonge et la diffamation, la charité nous oblige d'aider nos semblables à vivre, à développer librement leurs nobles facultés; de leur donner une part de ce que nous possédons, soit de nos biens matériels, soit, surtout, de nos richesses intellectuelles et morales; de répandre, enfin, parmi eux la vérité, la science, l'instruction, la lumière.

D. — Qu'est-ce qui fait de la charité une loi inviolable?

R. — C'est que, comme la justice, elle est un des éléments constitutifs de notre nature, et que, sans elle, comme sans la justice, l'ordre moral est irréalisable dans la société et en nous-mêmes.

D. — Quelle est la faculté de l'être humain qui lui sert pour ainsi dire de foyer?

R. — C'est la sensibilité, faculté que

la charité fait épanouir et qui, sans elle, serait étouffée sous le poids de notre égoïsme, ce qui priverait l'être humain de l'un de ses plus beaux priviléges : celui d'aimer et d'être aimé.

D. — Quelle est la vertu sociale que la charité enfante parmi les hommes?

R. — C'est la reconnaissance, ce lien des nobles cœurs, qui les porte à se rendre dignes des bienfaits dont ils sont l'objet et à en répandre de semblables, à leur tour, sur leurs prochains.

D. — Quel est ainsi le résultat inévitable et heureux de la charité parmi les hommes?

R. — C'est d'adoucir leur sort, de charmer leur existence, de faire leur union et leur bonheur.

D. — Que deviendrait la société sans la charité?

R. — Elle ne serait que la réunion d'êtres égoïstes, qui auraient soin de ne point se nuire, au nom de la justice, mais qui seraient incapables de s'entr'aider, de se soutenir, de se faciliter réciproquement l'accomplissement de leurs destinées.

D. — Quelle est la formule consacrée pour exprimer les devoirs que la charité prescrit?

R. — « Fais à autrui ce que tu voudrais qu'on te fît : aime ton prochain comme toi-même. »

D. — En quoi la loi de charité diffère-t-elle de la loi de justice?

R. — En ce que la justice, étant le respect des droits d'autrui, est obligatoire, exigible, absolument impérieuse, tandis que la charité, étant une bienveillance pour l'exercice de ces mêmes droits, est facultative, spontanée et libre; la justice donne des ordres, la charité des prescriptions; obéir aux régles de la justice, c'est s'acquitter d'une dette, se conformer aux principes de la charité, c'est accomplir un dévouement.

D. — La charité a-t-elle, comme la justice, des droits corrélatifs ?

R. — Non. La charité étant un noble mouvement du cœur, qui porte à faire du bien, un instinct supérieur à la loi, que rien n'impose et qui constitue la beauté, la grandeur morale des actes qu'elle inspire, ne suppose aucun droit de la part de celui à qui elle s'adresse.

D. — Que résulte-t-il de cette différence fondamentale ?

R. — Que les devoirs de charité n'étant pas obligatoires au nom de la loi, n'ont qu'une obligation morale, et qu'à ce titre, ils ne sont que plus méritoires, n'élèvent que mieux l'homme au-dessus de la terre, ne le rapprochent que davantage de son Créateur.

D. — Quelle est l'importance de la charité dans la société humaine ?

R. — C'est d'être le couronnement de toutes les vertus sociales dont la justice est le commencement, de sorte que sans le développement et l'application de la charité comme de la justice, il n'est point de société humaine possible, non plus que de famille ni que de patrie.

IV

LA PATRIE

CE QU'EST LA PATRIE. — DÉVOUEMENT A LA PATRIE. — EFFETS DISSOLVANTS DE LA THÉORIE DU COSMOPOLITISME.

D. — Qu'est-ce que la patrie ?

R. — C'est le pays où l'on a reçu le jour, où l'on jouit des mêmes droits que les autres citoyens, où l'on est abrité par les mêmes lois, où l'on peut librement développer ses aptitudes et ses facultés, vivre heureux et tranquille du fruit de son

4.

travail, au sein de sa famille et de la société, élever et établir, sans obstacles, les enfants que l'on a mis au monde, accomplir, en un mot, dignement sa destinée.

D. — Quelle est l'origine de la patrie ?

R. — C'est une convention faite par un certain nombre de familles ou d'individus, vivant en société et habitant le même sol, qui ont voulu se réunir en corps social, sous des lois consenties de tous et sous le pouvoir d'un gouvernement chargé de les faire exécuter, pour la sécurité et la liberté communes : convention qui se transmet tacitement de génération en génération, et à laquelle adhèrent implicitement tous ceux qui en acceptent les bienfaits.

D. — Quel est ainsi le lien principal des enfants d'une même patrie ?

R. — C'est la communauté des mêmes droits et des mêmes patriotiques devoirs.

D. — Quels sont les autres liens qui unissent les compatriotes entre eux ?

R. — Ce sont : 1° le souvenir des premières affections de l'enfance ; 2° la pensée d'une commune origine ; 3° la mémoire des aïeux qui ont fondé la patrie, qui ont vécu et souffert pour elle, qui l'ont arrosée de leurs sueurs, défendue au prix de leur sang, glorifiée par leurs labeurs, leurs vertus, leur courage, leur héroïsme ; 4° le respect des cendres de nos pères qui y reposent et qui nous la rendent sacrée : grands et pieux sentiments, qui sont autant de liens puissants qui nous unissent les uns aux autres par le même passé, le même présent, le même avenir, et qui nous attachent à la patrie comme à une mère commune.

D. — Le nom même de la patrie n'indique-t-il pas ce qu'elle est pour nous ?

R. — Evidemment, *patrie* est dérivé du mot *père : pater,* et signifie que la patrie constitue pour nous un être réel, pour lequel nous devons avoir les mêmes sentiments que pour notre père et notre mère, à savoir : le respect et l'amour, seuls fondements du vrai patriotisme.

D. — Qu'est-ce que le patriotisme?

R. — C'est la réunion en nos cœurs des sentiments qui nous attachent et au pays qui nous a vus naître et à tous les hommes qui, comme nous, y ont reçu le jour.

D. — Quel est le principe général qui doit servir de règle à nos patriotiques devoirs ?

R. — C'est celui qui nous ordonne de sacrifier, en toutes circonstances, notre intérêt particulier à l'intérêt de la patrie.

D. — Quels sont ainsi les devoirs du vrai patriote?

R. — Ce sont 1° de se dévouer entièrement à la prospérité, à la gloire, à la défense de la patrie, ainsi qu'au perfectionnement, à l'instruction, à la dignité et au bien-être de ses concitoyens; 2° d'être prêts à tous les travaux, à tous les sacrifices, à tous les dangers exigés par le service de la patrie; 3° de ne pas même se laisser arrêter par la crainte de la mort, quand l'intérêt de la patrie le commande.

D. — Quelle grande vertu doit nous inspirer ce dévouement à la patrie?

R. — Le courage civil.

D. — Définissez ce courage.

R. — Il consiste à demeurer calme et inébranlablement fidèle au devoir, au milieu des passions aveugles qui se déchaînent autour de nous, ou sous la pression d'une volonté despotique qui voudrait nous soumettre à ses caprices, au mépris de l'intérêt général et de la justice.

D. — L'amour de la patrie exclut-il en nos cœurs l'amour de l'humanité?

R. — Non, pas plus que celui de la patrie n'est exclu par celui de la famille: ce sont là trois amours sacrés qui doivent être inséparables dans nos âmes.

D. — Qu'est-ce que l'humanité?

R. — C'est cet être collectif qui embrasse tous les individus et toutes les nations, sans exceptions et sans limites, qui remonte à l'origine des temps et qui s'étend jusqu'aux siècles les plus reculés.

D. — Par quel lien sont unis tous les peuples qui composent l'humanité?

R. — Par une communauté d'intérêts moraux et matériels.

D. — Quelle obligation cette communauté impose-t-elle aux nations?

R. — Celle de soumettre leurs actes à la loi de la justice, du bien et du progrès.

D. — Quels seraient les bienfaits de cette soumission?

R. — Ce seraient : 1° de contribuer tout ensemble et au bonheur de la patrie et au bonheur de l'humanité; 2° de faire cesser partout les discordes, les haines et les guerres nationales; 3° de ramener les peuples à leur véritable rôle, celui d'être les membres divers et solidaires de ce corps immense et illimité qui s'appelle le genre humain ; 4° de leur inspirer la fraternité qui convient à des collections d'êtres égaux en origine, en nature et en destinée ; 5° de les faire concourir tous ensemble aux progrès de la civilisation, à la marche ascendante de l'humanité vers le perfectionnement et le bien-être ; 6° de les faire, enfin, converger, par leurs harmonieux accords, vers l'unité du genre humain, seule conforme aux desseins de la Providence sur tous les hommes, ses enfants.

D. — Quelle serait l'institution qui faciliterait l'avénement de cette ère bénie dans le monde ?

R. — Ce serait celle d'un tribunal international, devant lequel seraient apportés tous les conflits des peuples et qui accorderait sa protection aux faibles, soumettrait les forts à sa sentence, accomplissant ainsi sans coup férir, sans dévastation, sans effusion de sang, l'œuvre sainte de la pacification et de la justice, et préparant le règne de la concorde, de l'harmonie, de la paix universelle.

D. — Doit-on confondre l'amour de l'humanité, ainsi compris, avec le cosmopolitisme?

R. — Non : l'amour de l'humanité embrasse l'amour de la patrie, comme ce dernier embrasse celui de la famille ; il en est le couronnement et il a en lui sa raison d'être, ses bases et sa loi ; tandis que le cosmopolitisme tend à effacer les nationalités et à fondre tous les peuples dans une vaste unité.

Un bon père de famille sera un bon patriote et un ami du genre humain, tandis qu'un cosmopolite ne connaîtra ni patrie, ni famille, rêvera un idéal impossible, impraticable, se désintéressera des grandes questions individuelles et nationales, se complaira dans de décevantes illusions, épuisera ses forces à poursuivre un but vague, incertain, et, pour avoir voulu être universel, aura cessé d'être utile, risquera même de devenir dangereux.

D. — Quels sont ainsi les effets dissolvants du cosmopolitisme?

R. — Ce sont : 1° de disperser les forces individuelles et sociales, de les rendre impuissantes ; 2° d'affaiblir, de détruire même le patriotisme et de faire rêver une patrie universelle et idéale, qui n'aura longtemps encore de réalité que dans l'imagination des philosophes et des poètes, ses conditions d'existence étant à peine en germes, de nos jours ; 3° d'exposer ses adeptes exclusifs à des déceptions continuelles, à d'amers mécontentements ; 4° de leur faire maudire les nécessités du présent, au lieu de les exciter à rendre ce présent meilleur par leurs efforts individuels, combinés avec les efforts de tous ; 5° enfin, de les porter à des haines, à des colères, à des attentats coupables contre l'état de choses actuel, lequel ne saurait s'améliorer que par la revendication calme et intelligente des droits inaliénables de la nature humaine, par le concours dévoué de tous les individus, de toutes les familles, de tous les peuples, par la sage application des lois de la civilisation et du progrès.

D. — A quoi doivent donc se consacrer les vrais amis de l'humanité ?

R, — A faire progresser leur pays, et, par conséquent, à progresser eux-mêmes, dans l'acquisition des biens qui font la grandeur et la richesse des nations et qui sont : la moralité, la science, les arts, l'industrie, l'agriculture et le commerce : biens précieux, qui engendrent parmi les hommes la prospérité, la concorde et la paix, et qui, mieux que toutes les théories du cosmopolitisme, renverseront, tôt ou tard, les barrières morales et matérielles qui séparent les peuples, en répandant, de plus en plus, les idées de travail, de propriété, de dignité, de justice et de fraternité.

V

LA PROPRIÉTÉ

PRINCIPE DE LA PROPRIÉTÉ. SON DÉVELOPPEMENT ET SA TRANSMISSION

D. — Parmi les principes conservateurs de toute nation, quel est le plus fondamental ?

R. — C'est le principe de la propriété.

D. — Définissez ce principe.

R. — C'est le droit de jouir librement de ce qui nous appartient : des choses légitimement acquises ou légitimement reçues.

D. — Le droit de propriété ne suppose-t-il pas deux autres droits antérieurs?

R. — Ce sont : 1° le droit de premier occupant, et 2° le droit acquis par le travail.

D. — Expliquez le droit de premier occupant.

R. — Si l'on trouve un objet quelconque qui n'appartienne à personne, et dont on croie pouvoir se servir utilement, on peut en disposer à juste titre et librement, car on ne prend rien à autrui : c'est là le droit de premier occupant.

D. — Expliquez le droit acquis par le travail.

R. — Si l'on défriche une portion du sol dans une plaine déserte, qu'on en enlève les ronces et les pierres, qu'on la laboure, qu'on l'ensemence, qu'on la protège par de laborieux efforts contre toutes les dévastations des animaux : cette portion de la terre appartiendra à celui qui l'aura faite sienne par l'effort de sa volonté persévérante, et les fruits qu'elle produira seront également son bien et sa propriété, puisque c'est lui qui l'a labourée, ensemencée, arrosée, protégée sans cesse, qui l'a marquée du cachet de sa personnalité, qui l'a faite son œuvre ; tel est le droit acquis par le travail, par le travail juste, c'est-à-dire accompli librement, sans empêcher autrui de travailler avec la même liberté.

D. — Quel rapport y a-t-il entre ces deux droits antérieurs au droit de propriété ?

R. — 1° Le droit de premier occupant préexiste au droit acquis par le travail, qui le suppose nécessairement, puisque l'activité et l'intelligence de l'homme ne peuvent s'exercer que sur des objets déjà livrés à sa possession ; 2° le droit de premier occupant n'est qu'une simple conquête sur la nature, une prise de possession d'objets quelconques, animés ou inanimés, abandonnés jusque-là sans possesseur, tandis que le droit acquis par le travail est toujours accompagné d'un effort d'intelligence et d'activité, et produit toujours une œuvre, une transformation de l'objet possédé, une création, en un mot ; 3° La première occupation n'est qu'un acte légitime de notre liberté, tandis que l'œuvre, créée par notre travail, est une émanation de notre personne, l'expression visible et palpable de notre intelligence, de notre volonté, de notre génie.

D. — Ces deux droits ne sont-ils que les fondements de la propriété ?

R. — Ils en sont aussi l'origine : ils nous montrent comment elle a commencé, comment elle s'est établie parmi les hommes.

Les premiers propriétaires furent, en effet, ceux qui, les premiers, eurent l'idée et la volonté de se fixer sur l'immense étendue de la terre abandonnée, de s'y choisir une demeure, de cultiver un champ, de confectionner les instruments nécessaires à la pêche ou à la chasse, de retenir auprès d'eux quelques uns des animaux innombrables qui erraient libres dans les bois, pour les faire servir à leur usage, à leur nouriture, ou à leurs vêtements.

D. — Que penser de cette objection, que les premiers propriétaires ont porté atteinte à la communauté des choses de la nature ?

R. — Qu'elle est sans fondement: cette communauté naturelle des choses, qu'on invoque, est purement imaginaire, car, tout, dès l'origine, était délaissé et sans usage, et la jouissance des biens de la nature n'a précisément commencé qu'avec la propriété (Franck).

D'ailleurs, le droit de propriété est inhérent à la nature humaine : l'enfant même en a le sentiment, avant que l'éducation lui ait fait connaître et distinguer le sens des mots le *tien*, le *mien*, le *sien*, qui servent à l'exprimer.

Il est, de plus, un instinct que les bêtes elles-mêmes possèdent, puisque nous voyons l'oiseau défendre son nid, l'animal garder sa tanière, et protéger, comme le chien, la propriété de son maître.

D. — Quel est ainsi le vrai caractère du principe de la propriété ?

R. — C'est d'être conforme à la nature et à la justice.

D. — Combien y a-t-il de sortes de propriétés ?

R. — Trois : la propriété de soi-même, la propriété mobilière, et la propriété immobilière.

D. — Qu'est-ce que la propriété de soi-même ?

R. — C'est la première propriété de l'homme, c'est lui-même, c'est sa personne. Chaque homme est le libre et naturel possesseur de ses facultés, de son intelligence, de ses sentiments, de sa volonté, ainsi que de son corps qui en est l'instrument : il a la possession de soi-même : c'est une propriété que tous les hommes ont également reçue du Créateur, qui veut que nous ayons tous également la responsabilité et le mérite de nos actions.

Tant que nous ne faisons pas de nos facultés un usage injuste ou dangereux envers les autres, ils n'ont pas le droit d'intervenir par la force dans notre conduite ; ils doivent, au contraire, respecter notre personne, comme la propriété la plus sacrée.

D. — Quel est l'attentat le plus odieux qui ait été commis sur la propriété de soi-même ?

R. — C'est l'esclavage, qui est, après

l'assassinat, la forme la plus honteuse de la violence et du vol.

L'esclave, en effet, au lieu de s'appartenir, appartient à son maître, ne possède ni sa personne ni sa liberté, ni les fruits de son travail, ni les objets de son affection : on viole ses droits les plus sacrés, il est traité en bête de somme.

D. — Cette plaie hideuse n'a-t-elle pas encore entièrement disparu de l'humanité ?

R. — Non : elle existe encore dans l'île de Cuba, colonie espagnole, où elle étale les derniers vestiges de la plus odieuse des injustices, du plus criminel des attentats, commis sur la dignité humaine,

D. — Qu'entend-on par propriété mobilière ?

R. — La possession des choses que l'on peut déplacer, transporter, échanger : *mobilière* vient du mot *mobile* qui indique le mouvement, le déplacement, le changement.

D. — Qu'est-ce que la propriété immobilière ?

R. — C'est l'opposé de la mobilière, de même que immobile est l'opposé de mobile, et immeuble l'opposé de meuble : c'est la possession des choses qui ne changent point de place, telles que les maisons et les terres.

D. — Que sont ces propriétés par rapport à la propriété de soi-même ?

R. — Elles en sont comme le prolongement : celui qui possède une propriété quelconque y a apposé, pour ainsi dire, sa personne, y a mis par le travail quelque chose de lui-même, le cachet de sa pensée et de sa volonté, qui la rend inviolable et sacrée pour son prochain.

D. — Quel est l'autre droit non moins inviolable, qui dérive naturellement du droit de propriété ?

R. — C'est le droit de transmission, c'est-à-dire, le droit de disposer de ses biens, par acte de donation ou par testament : ce second droit ne saurait être mis en doute, puisqu'il n'est qu'une manière de faire librement usage du premier

En effet, il ne suffit pas que je puisse conserver le fruit de mon travail et en jouir, il importe aussi que je puisse en disposer à mon gré, et que celui, à qui je le transmets, puisse en jouir et en disposer de la même manière. Je dois pouvoir laisser, à qui je veux, les choses que j'ai acquises par mes labeurs ou en qualité de premier occupant.

Si ces choses sont réellement à moi, il m'est permis de les donner, de mon vivant, à ceux que j'aime, ou de les leur transmettre, après ma mort. Ce sont là les conditions essentielles de l'exercice de ma liberté et de mon droit de propriété.

D. — Qu'est-ce qui rend le droit de

transmission ou de succession, légitime et obligatoire?

R. — Ce sont les raisons que voici :

1° D'abord, la transmission de la propriété en est comme la cause morale, comme le but; si nous n'avions pas le pouvoir de donner ou de laisser en héritage, à nos enfants, les fruits de nos labeurs, nous ne nous donnerions pas tant de peines pour les acquérir, nous nous contenterions de travailler pour pourvoir à nos besoins, et nous nous épargnerions bien des veilles, bien des sacrifices, bien des privations.

2° De plus, nos enfants ont acquis sur nos biens, pour ainsi dire, un droit de copropriété, par la jouissance qu'ils en ont eue avec nous, dès leur enfance, et par le concours qu'il nous ont peut-être apporté, pour les conserver ou les accroître.

C'est donc un acte à la fois légitime et obligatoire, que de transmettre à nos enfants les biens que nous avons amassés pour eux. Si des étrangers venaient s'en emparer, ce serait nous dépouiller nous-mêmes dans la personne des êtres qui nous sont chers, et porter ainsi atteinte à notre droit de propriété. Si, nous-mêmes, nous en privions nos enfants, en faveur d'autrui, ce serait commettre à leur égard un acte injuste et dénaturé.

Le droit de transmission ou de succession, est donc une conséquence logique et morale du droit de propriété, et doit être, comme lui, sacré pour tous les hommes.

D. — Pour nous acquitter de notre devoir envers la propriété d'autrui, suffit-il de ne pas nous en emparer par la force ?

R. — Non : nous devons également repousser tout moyen détourné de la faire tomber en nos mains ; bien plus, si elle nous échoit par des procédés illégaux, nous devons la restituer à ses véritables possesseurs ; enfin, si, sans intention coupable, nous lui avons fait subir quelque dommage, par imprudence, imprévoyance ou négligence, nous devons nous empresser de le réparer.

D. — Tous les hommes, sans exception, n'ont-ils pas intérêt au respect de la propriété ?

R. — Assurément, le respect de la propriété et la protection dont la société l'entoure, sont un égal bienfait pour tous, riches ou pauvres.

D'abord, il est peu d'hommes qui ne soient plus ou moins propriétaires; il n'est pas jusqu'au plus modeste ouvrier qui ne possède des outils, ses instruments de travail, son gagne-pain ; il n'en est pas un qui ne possède au moins le salaire de sa journée. Or, si la propriété était un vain mot, et que la spoliation fût permise, l'honnête travailleur, se verrait dépouiller impunément par un voisin moins laborieux, paresseux, vicieux ou corrompu, auquel il n'aurait pas la force de résister:

ce serait le droit de la force, qui s'étendrait à toutes les classes de la société.

D'autre part, l'homme obligé par sa nature au travail, qui est *une peine*, ne s'y soumet que pour s'épargner la peine du besoin, qui est bien plus grande encore, et en prévision de la vieillesse, où tout labeur est impossible, et où l'on doit compter sur les épargnes de la jeunesse. Il travaille donc au delà de ses besoins actuels, économise et s'impose des sacrifices, afin de se préparer des ressources pour l'avenir. De plus, l'amour de la famille décuple ses forces : afin de faire à ses enfants un sort moins pénible que le sien, il redouble d'ardeur et d'efforts, il s'ingénie, combine, invente, pour exceller dans son art, son industrie, son commerce, ou sa science, de façon à recueillir, le plus que possible, les fruits heureux de ses labeurs, pour lui et pour les siens : il arrive ainsi honorablement à la fortune, et la société y trouve son compte, puisque ses succès tournent en définitive au profit de l'humanité qui en reçoit des découvertes nouvelles ou des ressources inattendues.

Or, si cet homme n'eût été certain de jouir du fruit de ses travaux, c'est-à-dire, de sa propriété, et d'en disposer librement, eût-il fait tant d'efforts, et l'humanité en eût-elle retiré un si grand avantage?

D. — Où conduirait la violation du droit de propriété ?

R. — Inévitablement au découragement, à la compression de tout effort, à la cessation de tout progrès, au retour à la barbarie, à la misère, et à la destruction de la société.

D. — Comment s'appelle la théorie sociale qui réclame le partage et la communauté des biens ?

R. — Le communisme.

D. — Comment réfuter cette théorie, funeste à la prospérité et à la richesse des nations?

R. — Par le simple exposé de ses conséquences :

Ou l'on se contenterait, sous ce régime, de faire un premier partage de tous les biens entre tous les citoyens, laissant ensuite chacun tirer partie de son lot, à son gré: alors, toutes les inégalités recommenceraient bientôt à se reproduire, et rendraient le premier partage inutile ;

Ou l'on ferait ce partage à des époques régulières, attentant, par là, à tout instant, au droit qu'a chacun de jouir du fruit de son travail, et poussant ainsi forcément les hommes à l'inaction et au vice ;

Ou l'Etat se ferait le grand entrepreneur de tous les travaux, rétribuant les citoyens en raison de la quantité et de la valeur du travail de chacun : dès lors, encore, l'inégalité ne cesserait d'exister inévitablement, à cause de la différence des forces et des aptitudes de chaque individu ;

Ou, enfin, l'Etat, possédant tout, assurerait la satisfaction des besoins de chacun, sans aucun égard pour la valeur de son travail : dès lors, communisme complet, mais aussi, cessation de tout labeur, de tout effort, règne universel de l'anarchie et de la misère.

Le communisme serait donc non seulement un régime injuste, puisqu'il consacrerait la spoliation permanente de la propriété des citoyens, mais encore un régime destructeur de la société, puisqu'il en tarirait les sources fécondes, en paralysant le travail, la moralité, l'émulation et le génie

VI

LE TRAVAIL

OBLIGATION DU TRAVAIL — SA LIAISON AVEC LE CAPITAL DONT IL EST LA SOURCE — SES MODES JUSTES DE RÉMUNÉRATION : L'OFFRE ET LA DEMANDE.

D. — Quel est le fondement de toute propriété ?

R. — Le travail : par le travail l'homme s'élève à la propriété, à la richesse ; c'est du travail qu'il tient tout ce qu'il possède.

D. — Qu'est-ce que le travail ?

R. — C'est un effort soutenu et durable du corps ou de l'esprit, ayant pour but de rendre service à celui qui travaille ou à d'autres, à l'individu ou à l'humanité.

D. — Le travail est-il obligatoire pour l'homme ?

R. — Assurément. C'est la première loi de notre nature, celle dont l'accomplissement importe à la conservation de notre corps, au perfectionnement de notre esprit, à l'épanouissement de tout notre être.

D. Comment comprendre que le Créateur nous ait rendu le travail obligatoire !

R. — En y trouvant la source de notre mérite et de notre grandeur.

La Providence a voulu que les utilités naturelles fussent toujours insuffisantes pour satisfaire l'humanité, et que l'homme fût toujours obligé de travailler pour plier la nature à ses besoins. Les premiers dons nous ont été faits par le Créateur, mais il nous faut acquérir le reste par le travail, afin que notre bien-être soit notre œuvre, et que le succès de nos efforts nous donne le sentiment de notre supériorité sur tous les autres êtres de la nature, avec celui de notre valeur et de notre dignité.

D. — Comment l'homme a-t-il été poussé au travail.

R. — Par la nécessité de vivre. Sans son travail, la nature fût restée pour lui stérile, ne lui eût produit que des ronces et des épines, et il fût mort avec les siens dans la misère et le désespoir.

D. — Quels sont les termes significatifs par lesquels la sagesse antique formule cette loi du travail.

R. — « Tu mangeras ton pain à la sueur de ton front. »

D. — Le travail n'est-il qu'obligatoire et nécessaire ?

R. — Il est encore moralisateur et instructif. En effet, le travail, même appliqué à des œuvres matérielles, a sur notre moralité une influence salutaire. Il engendre en nous des habitudes d'ordre, de régularité, d'activité, le respect de la règle et de la loi, il nous éloigne du désordre qui naît de l'ennui, conséquence inévitable de l'oisiveté, cette mère de tous les vices, il nous préserve de toute immoralité, de toute corruption.

Appliqué à des œuvres intellectuelles, à l'étude des lois merveilleuses de la nature ou de l'esprit humain, à celle des sciences, des arts, de l'industrie, il développe notre raison, enrichit notre intelligence, lui donne une étonnante vigueur, une élévation de plus en plus grande, une instruction toujours progressive qui nous ouvre graduellement les horizons de l'infini, et nous apprend à découvrir chaque jour un des innombrables secrets de la création, pour le bien-être et l'avancement de l'humanité.

D. — A part ces bienfaits, ne nous en procure-t-il pas un autre plus important encore?

R. — C'est celui de notre indépendance : en effet, le travail nous met à l'abri de la misère et du besoin ; tandis que la paresse nous laisserait à la discrétion de nos semblables et à la merci de leur pitié, le travail nous permet de nous suffire à nous-mêmes, de vivre avec dignité, en nous assurant non-seulement le présent, mais encore l'avenir.

D. — Le travail seul suffit-il à nous assurer l'avenir.

R. — Non : il a nécessairement besoin d'une vertu qui complète son œuvre et qui est la prévoyance?

D. — Que produit la prévoyance?

R. — Elle crée l'épargne, c'est-à-dire u'elle ménage les fruits du travail, les onserve et les amasse pour l'avenir.

D. — Que serait le travail sans l'épargne?

R. — Ce serait la fatigue continuelle sans le repos, sans garantie contre la pauvreté, tandis que l'épargne, c'est le repos assuré pour la vieillesse, une source de ressources pour les époques de maladie, une cause d'aisance et de bien-être, c'est, en un mot, la richesse.

D. — Que devient, en effet, l'épargne accumulée?

R. — Elle devient ce qu'on appelle le *capital*.

D. — Qu'est-ce que le *capital*?

R. — C'est l'épargne accumulée, qui, au lieu de rester inutile et stérile, produit à son tour de nouveaux avantages, c'est une richesse qui engendre d'autres richesses.

D. — Qu'est-ce donc que capitaliser?

R. — C'est épargner et tirer profit de ses épargnes, en les utilisant d'une manière productive.

D. — Combien y a-t-il de sortes de capitaux?

R. — Deux : les capitaux circulaires, c'est-à-dire qui circulent et passent de main en main, tels que l'or et l'argent, la monnaie, les billets de banque, les effets de commerce, et les capitaux fixes, c'est-à-dire qui ne changent point de place, tels que les bâtiments d'une manufacture, les immeubles d'une industrie quelconque.

D. — N'y a-t-il pas un autre capital aussi important que ceux qui précèdent ?

R. — C'est le capital moral et intellectuel, c'est-à-dire celui de l'instruction.

La science et l'instruction sont, en effet, les épargnes morales de l'humanité. Notre esprit est comme un champ fertile, les idées que nous lui confions sont comme autant de semences fécondes qui nous produisent bien au-delà de ce qu'elles nous coûtent. Quel homme a autant d'intérêt à faire un capital de connaissances utiles et de talents que de biens matériels. Si ces derniers lui procurent l'aisance et le bien-être, les premiers lui donnent une élévation intellectuelle et morale qui est pour lui non-seulement une source de pures jouissances, de nobles et incomparables plaisirs, mais qui développe encore ses aptitudes, le fait exceller dans son travail de chaque jour, le rend plus fécond pour lui et plus utile à tous.

D. — Tous les travailleurs peuvent-ils capitaliser?

R. — Tous le peuvent et tous le doivent. Le plus modeste ouvrier peut assurément prélever sur son salaire une modique somme, si petite qu'elle soit, pour l'épargner et l'augmenter journellement de nouvelles petites épargnes, lesquelles, accumulées, finissent par produire peu-à-peu un capital : capital qui sera pour lui une assurance contre le malheur, qui lui permettra d'envisager l'avenir avec confiance et sécurité, qui le prémunira, enfin, contre le chômage, la maladie et les infirmités de la vieillesse.

Quant au capital de l'instruction, il est bien plus facile à tous de l'acquérir. Quel est l'ouvrier qui ne pourrait consacrer à une lecture utile, les nombreux moments de loisirs qu'il emploie à des causeries oiseuses et banales, ou à la fréquentation du cabaret et d'autres lieux abrutissants et corrupteurs?

D'ailleurs, pendant sa jeunesse, l'homme doit profiter des leçons qu'on lui donne. Bien coupables sont les enfants qui perdent le temps précieux de leurs études ; ils en regrettent, tôt ou tard, le mauvais emploi !

D. — Quelle est ainsi la source du capital ?

R. — C'est le travail.

D. — Comment le travail fait-il naitre le capital ?

R. — 1° Par la valeur qu'il donne aux choses qu'il produit ou qu'il met en état de service; 2° par le salaire qu'il procure aux travailleurs.

D. — Qu'est-ce qui détermine la valeur d'un travail ou sa rémunération?

R. — C'est: 1° la difficulté qu'il présente, 2° le talent qu'il exige, et 3° le service qu'il rend.

Le prix des objets n'est, en effet, que la somme de tout le travail employé pour le produire et se compose de la fraction du salaire payée à tous ceux dont le travail a été requis pour mettre les choses en état d'arriver aux mains des consommateurs.

D'autre part, la valeur d'un travail, et, par conséquent, de son salaire, est en raison de l'importance que nous attachons au service qu'il rend dans le moment actuel, et varie en raison de la position relative de celui qui désire le service et de celui qui le rend.

D. — Comment s'appelle cette règle d'économie sociale ?

R. — *L'offre et la demande.*

D. — Expliquez ce que c'est que l'*offre et la demande.*

R. — Quand le possesseur d'une denrée quelconque ou d'une marchandise, cherche un acheteur, il y a offre de la denrée ou de la marchandise. Au contraire, quand un individu désire acheter une denrée ou une marchandise quelconque, il y a demande de cette marchandise ou de cette denrée.

Une marchandise est *offerte*, quand un marchand dit : *voulez-vous acheter ?*

Elle est *demandée*, quand un acheteur dit : *voulez-vous vendre ?*

Quand les gens qui veulent vendre sont plus nombreux que ceux qui veulent acheter, on dit que *l'offre dépasse la demande.*

Quand ceux qui veulent acheter sont plus nombreux que ceux qui veulent vendre, on dit que la *demande dépasse l'offre.*

Il en est de même du travail, qui est une marchandise comme une autre, puisque c'est également un service rendu.

Si un ouvrier se présente dans un atelier, désirant y être occupé, il *offre* son travail; si un patron propose à un ouvrier de l'employer, il lui *demande* son travail ; dans le premier cas, le travail est *offert* ; dans le second, il est *demandé.*

L'offre du travail dépasse la demande, quand pour faire un travail, il y a plus d'ouvriers que les patrons n'en peuvent occuper.

La demande du travail dépasse l'offre, quand les patrons réclament plus d'ouvriers qu'ils n'en trouvent.

D. — Que conclure de l'explication qui précède ?

R. — 1° Que les conventions passées entre patrons et ouvriers sont un véritable marché entre acheteurs et vendeurs : le travail étant la marchandise achetée et vendue, les patrons, les acheteurs, les ouvriers, les vendeurs ;

2° Que de même que de tout temps l'offre d'une marchandise en a abaissé le prix, et la demande en a augmenté la valeur — puisque dans tout marché, celui qui a le plus besoin ou le plus envie de conclure le marché, est celui qui subit les conditions au lieu de les faire ; — de même l'offre du travail de la part de l'ouvrier, en abaisse le salaire, et la demande de la part du patron, l'augmente : le taux des salaires étant déterminé naturellement par le rapport entre l'offre et la demande, comme le prix de toute marchandise.

D. — N'y a-t-il pas, pourtant, deux principes qui limitent l'abaissement ou l'élévation du taux des salaires ?

R. — Ce sont les deux principes de justice et de charité, qui doivent régler toutes les choses humaines.

D'une part, la loi de charité défend que le salaire du travailleur descende au-dessous de ce qui lui est nécessaire pour vivre et pour abriter sa famille contre toute privation douloureuse, contre la misère et le désespoir.

D'autre part, la loi de justice défend que ce salaire s'élève de manière à léser les intérêts du patron, à compromettre peu-à-peu sa position, et à le jeter à son tour dans la gêne et le besoin.

D. — Quel est le caractère des rapports qui doivent exister entre les ouvriers et le patron?

R. — C'est celui d'un échange de mutuels services ; si le patron a besoin d'ouvriers pour faire son travail et pour faire prospérer son industrie, l'ouvrier, de son côté, a besoin de travailler pour vivre avec les siens. Ils sont dans un continuel échange de services, comme, d'ailleurs, tous les hommes dans toute société civilisée: nous ne saurions jamais, qui que nous soyons, nous passer les uns des autres.

D. — Quel est le sentiment que doit faire naître en eux cette utilité réciproque?

R. — C'est un respect mutuel, car le travail, quelqu'il soit, pourvu qu'il soit honnête et utile, a son importance et sa dignité, à la condition qu'on s'acquitte, fidèlement et consciencieusement, des obligations qu'il impose.

DEUXIÈME PARTIE

VII

L'ÉTAT

CONSÉQUENCE DE LA SOCIÉTÉ, SA CONSTITUTION, LA LIMITE DE SES DROITS

D. — Qu'est-ce qui protège, parmi les hommes, les produits de leurs travaux, leur propriété et tous leurs autres droits?

R. — C'est l'État.

D. — Qu'est-ce que l'État?

R. — C'est une grande société d'hommes, convenus de se défendre les uns les autres contre les assassins, les voleurs et tous les hommes injustes et violents; c'est une grande association en vue du droit.

D. — Comment les hommes ont-ils été amenés à se constituer en État?

R. — Par une conséquence inévitable de leur rapprochement : s'ils fussent restés isolés et abandonnés à leurs propres forces, tout Etat eût été impossible parmi eux. Mais leur utilité réciproque, leur égal besoin d'échanger leurs services, les fruits de leurs labeurs individuels, de se partager la tâche commune par la division du travail, de se faciliter la vie, les ayant réunis, cette réunion eut pour résultat naturel et nécessaire de les faire entendre pour leur sauvegarde collective, de les lier tous par un engagement réciproque, chacun s'engageant à respecter les droits de tous, et tous s'engageant à respecter les droits de chacun.

D. — Comment ce respect réciproque des droits communs, put-il s'établir dans une grande association d'individus ?

R. — Par l'établissement des règles de justice, appelées lois, règles consenties par tous, de manière que tous s'engagent volontairement à les observer et à les faire observer, en s'assemblant pour juger et pour punir ceux qui oseraient les enfreindre, au détriment de leur prochain.

D. — Le rassemblement de tous les hommes en un même endroit, pour faire des lois, ou prononcer des jugements, fut-il donc jamais possible ?

R. — Non ; mais ils ont toujours pu choisir un certain nombre d'entr'eux, ayant leur confiance, pour qu'ils fussent leurs représentants au sein d'une assemblée générale, chargée de faire les lois au nom de la Nation, et appelée à ce titre, *Gouvernement*.

D. — Le caractère de l'État a-t-il changé de nos jours?

R. — Non ; c'est toujours une société réunie sous des lois et sous le pouvoir d'une autorité publique, d'un gouvernement, chargé de les exécuter, et de représenter par cela même la société entière aux yeux de chacun de ses membres.

D. — Que conclure de cette définition?

R. — Que l'État doit assurer aux membres qui le constituent, la sécurité nécessaire à leur conservation et à la liberté que réclame l'accomplissement de leurs devoirs.

D. L'institution des lois et d'une autorité publique pour les faire respecter, sont-elles les seules conditions d'existence d'un État?

R. — Non; aucun État, c'est-à-dire, aucun corps social ne saurait exister si les lois et le pouvoir n'étaient en rapport avec les mœurs et les intérêts généraux des hommes auxquels ils s'adressent, et si ces hommes, à leur tour, ne se trouvaient unis entr'eux par cette communauté de pensées, d'affections, d'habitudes et de besoins, qui constitue ce qu'on appelle l'esprit d'une nation (Franck).

D. — Que fondent ces deux dernières conditions de l'existence d'un État?

R. — Elles fondent nécessairement les divers Etats qui se partagent la terre.

D. — Quelle différence y a-t-il entre l'État et le Gouvernement?

R. — L'État, c'est la réunion des citoyens d'un même pays pour sauvegarder leurs droits; le Gouvernement, c'est l'autorité instituée par ces mêmes citoyens pour faire des lois protectrices et en surveiller l'application.

D. — Comment divise-t-on les lois d'un Ètat ?

R. — En deux grandes classes : les lois politiques et les lois civiles; les lois politiques sont celles qui déterminent la forme du gouvernement d'un Etat et les rapports du gouvernement avec la nation; les lois civiles sont celles qui règlent les rapports des citoyens entr'eux.

D. — Enumérez quelques lois politiques et civiles.

R. — Sont politiques: les lois qui établissent les conditions qu'il faut réunir pour être électeur et éligible, et qui fixent le nombre, les attributions et les rapports des pouvoirs, de l'Assemblée nationale, des conseils généraux, des conseils d'arrondissement et des conseils municipaux; sont civiles: celles qui se rapportent au mariage, aux donations, aux héritages, aux contrats, etc.

D. — Ces deux ordres de lois ont-ils un égal degré d'autorité ?

R. — Les lois civiles ont toutes un égal degré d'autorité et reçoivent de la part du législateur la même consécration;

mais les lois politiques sont les lois fondamentales du pays et forment ce qu'on appelle la constitution de l'État.

D. — Quelle est l'importance de la constitution d'un État?

R. — C'est celle d'un contrat sur lequel reposent la liberté, la sécurité et l'existence même de la nation. La destruction de la Constitution entraînerait inévitablement celle de toutes les lois du pays, dont elle est le fondement, avec celle de tous les pouvoirs qui tiennent d'elle seule la mission de faire exécuter ou d'interprêter les lois: elle engendrerait le règne de la force, de l'arbitraire et de l'anarchie, substitué à celui du droit, de la légalité et de l'ordre.

D. — Quelle est l'importance des autres lois du pays?

R. — Bien qu'elles intéressent moins directement l'existence de la nation, elles sont pourtant nécessaires à sa dignité, à sa moralité, à sa conservation et à sa prospérité.

D. — Que conclure de cette importance de la Constitution et des lois qui en dérivent.

D. — Qu'elle a droit au respect et à la soumission de tous les citoyens : lui refuser son obéissance, conspirer contre elle, s'efforcer de l'altérer ou de la détruire, ce serait un acte de rébellion, ce ce serait même une tentative meurtrière contre l'ordre social.

D. — Quelle est la limite de ce droit?

R. — Elle est indiquée par le but de son institution. Les citoyens ont créé l'État, et se sont donné un gouvernement, afin qu'en leur nom collectif, il fasse régner parmi eux l'ordre, la sécurité, la liberté, la justice : là se trouve la limite du droit du gouvernement et de son pouvoir : pour maintenir parmi les citoyens ces quatre choses indispensables à l'existence de toute société, il a le droit, en cas de désobéissance, de recourir à la force, il en a même le devoir, car il est alors dans un cas de légitime défense ; au-delà de cette limite, toute action de l'État est une usurpation de la conscience, de l'intelligence, de la liberté des citoyens qu'il trahit en dépassant le mandat qu'il en a reçu.

D.— Cette soumission et ce respect des citoyens ne sont-ils dûs qu'à la Constitution et aux lois?

R. — Ils doivent s'étendre nécessairement : 1° aux pouvoirs suprêmes, aux corps constitués, ou aux magistrats chargés du gouvernement de l'Etat, de la législation, de l'interprétation et de la mise à exécution des lois, quelle que soit, d'ailleurs, la forme du gouvernement sous lequel on soit placé ; 2° aux pouvoirs secondaires légalement constitués, aux magistrats de toutes les classes et de tous les rangs, aux fonctionnaires publics, en un mot, à tout représentant de l'autorité, remplissant consciencieusement les obligations de sa charge, et exécutant la loi dans les limites de son rôle et de ses attributions.

D. — Qu'est-ce que nous respectons dans la personne de tout fonctionnaire public, quelque soit son rang?

R. — Nous pouvons honorer, en lui, l'homme, en raison de l'estime qu'il nous inspire, mais nous respectons surtout, en sa personne, la loi, dont il est le ministre.

D. — Combien y a-t-il actuellement de pouvoirs en France?

R. — Trois: 1° le pouvoir législatif exercé par l'Assemblée nationale; 2° le pouvoir exécutif, délégué par l'Assemblée au Président de la République et à ses ministres; 3° le pouvoir judiciaire.

D. — Que comprend le pouvoir judiciaire?

R. — La magistrature debout, appelée

aussi ministère public ou parquet, qui représente l'action publique, entame les poursuites et les soutient devant les cours et les tribunaux ;

2° La magistrature assise, qui instruit les affaires, prononce les jugements et les arrêts.

D. — Quels sont les fonctionnaires ou magistrats qui exercent ces pouvoirs?

Ce sont : 1° le juge de paix qui siége dans chaque chef-lieu de canton, juge les petites contestations et les contraventions de simple police, et auprès duquel le commissaire de police représente le parquet.

2° Un tribunal, dit de première instance, qui siége dans chaque chef-lieu d'arrondissement et de département, juge en premier ressort les affaires civiles ou correctionnelles, et auprès duquel le Procureur et ses substituts représentent le parquet.

3° Une cour d'appel, souveraine, qui siége dans vingt-sept villes du pays et prononce des arrêts sur les appels civils ou correctionnels : le magistrat du parquet y a le titre de procureur-général, et ses substituts celui d'avocats-généraux.

4° La cour d'appel délègue, dans chacun des départements de son ressort, trois conseillers, lesquels, assistés d'un jury composé de douze citoyens appelés jurés, composent la cour d'assises : cette cour, souveraine aussi, prononce des sentences sur les crimes.

5° Enfin, une Cour suprême, dite de cassation, siégeant à Paris, révise tous les jugements, arrêts et sentences frappés d'appel.

D. — Le pouvoir judiciaire ne comprend-il pas encore une autre juridiction ?

R. — Il comprend encore : 1° la juridiction consulaire, dont les membres sont nommés par les commerçants, jugent les affaires purement commerciales et déclarent les faillites : ce sont les tribunaux de commerce ; 2° les conseils des prud'hommes, dont les membres sont élus, moitié par les patrons, moitié par les ouvriers, dont ils ont pour mission de juger les contestations ; le parquet n'est pas représenté dans ces juridictions.

D. — Que signifient ces expressions : juger au civil et au criminel ?

R. — Juger au civil, c'est juger les contestations entre particuliers ; juger au criminel, c'est appliquer les lois contre les délits ou les crimes.

D. — Quelle est l'attitude la plus digne d'un citoyen d'un pays libre, vis-à-vis de la loi et des autorités qui la représentent ?

R. — C'est d'en accepter, en toutes circonstances, les justes décisions : seul moyen d'être vraiment libre et de mériter la liberté, qui ne saurait exister sans le respect le plus absolu de la loi.

D. — Quel est le Gouvernement qui est digne de la confiance des citoyens et qui a droit à leur dévouement?

R. — C'est celui qui est l'expression de la volonté libre et intelligente de tous les citoyens, ou, au moins, de la majorité d'entr'eux.

D. — A quelles conditions un Gouvernement est-il digne de son mandat?

R. — A la condition qu'il s'en acquitte scrupuleusement tout le temps qu'il en est investi, et qu'il s'en démette le jour où ses mandants lui retirent leur confiance.

D. — Quels sont les devoirs du Gouvernement envers les citoyens?

R. — Selon le but de son institution, il doit: 1° protéger les bons citoyens contre les mauvais; 2° assurer à tous l'accomplissement de leurs devoirs et la jouissance de leurs droits; 3° faciliter à chacun le développement de ses aptitudes et de ses facultés ; 4° faire concourir au succès de l'œuvre collective, à la prospérité, à la grandeur, à la gloire du pays, tous les citoyens, par l'harmonieux accord de leurs forces et de leurs labeurs individuels ; 5° enfin, suppléer, auprès de chaque citoyen, à l'insuffisance des individus, des familles et des associations, par la fondation d'institutions industrielles, scientifiques, charitables et philanthropiques.

D. — Quel est le devoir gouvernemental qui est le fondement de tous les autres ?

R. — C'est l'instruction des masses : seule, l'instruction, soutenue par la moralisation, dissipera les préjugés et les erreurs, inspirera à chacun la connaissance de ses droits et de ses devoirs, la force morale et la dignité qui font la vertu des citoyens et la vraie gloire des nations.

VIII

LA LOI

SOUVERAINETÉ DE LA LOI — DE QUOI DÉPEND SON ESPRIT — L'ÉDUCATION ET LA LOI

D. — Quel est le premier caractère de la Loi dans un Etat sagement constitué ?

R. — C'est la souveraineté.

D. — Qu'est-ce que la souveraineté de la Loi ?

R. — C'est le droit d'être imposée souverainement, sans aucune entrave, sans exception et sans privilège, à tous les citoyens.

D. — De quoi dépend l'esprit de la Loi ?

R. — De celui de la Nation.

D. — Expliquez-vous.

R. — La Loi est l'expression de la justice, elle est l'ensemble des règles que tous les citoyens ont adoptées pour l'exercice de leurs droits respectifs et réciproques, pour la réalisation de l'ordre et de l'équité, pour la sauvegarde de leur sécurité et de leur liberté.

Or, chaque citoyen a sa souveraineté individuelle, c'est-à-dire, le droit de jouir sans obstacle, de tous les droits de sa nature, limités uniquement par les mêmes droits d'autrui.

La Nation, ou l'Etat, étant la réunion de tous les citoyens qui se déchargent sur elle du soin de faire respecter leurs droits, la souveraineté nationale ne sera autre chose que la réunion des souverainetés individuelles, c'est-à-dire, la réunion de tous les droits à la justice et à la liberté.

Donc, la loi de l'Etat, qui n'est autre chose que l'ensemble des règles de justice, applicables à l'universalité des citoyens qui constituent l'Etat, sera nécessairement animée de l'esprit collectif des citoyens, auprès desquels ces règles doivent trouver leur application.

D. — Quel est le second caractère que doit revêtir la Loi ?

R. — C'est d'être consentie par tous, de manière que tous s'engagent volontairement à la respecter, et que ceux qui manquent à leur engagement et qui la violent, soient punis par les mandataires de tous, qui forment le Gouvernement.

D. — Quel est, enfin, le troisième caractère de la Loi ?

R. — C'est d'être naturelle, c'est-à-dire, d'être la protectrice des droits naturels de l'humanité. Or, le droit naturel comprend les droits qui appartiennent à l'homme, par sa nature même et en vertu de l'éternelle justice : droits inviolables, qui subsisteraient encore au fond de notre conscience, quand même il n'y aurait point de lois humaines pour les faire respecter.

D. — Quel est donc le vrai but de la Loi ?

R. — C'est de placer sous sa garantie nos droits naturels, et de subordonner tous nos droits et tous nos devoirs à l'idée absolue de la justice.

D. — Par quel moyen apprendra-t-on à tous les citoyens à se conformer à la Loi ?

R. — Par l'éducation.

D. — Qu'est-ce que l'éducation ?

R. — C'est la formation progressive

des citoyens, dès leur enfance, à la pratique de leurs devoirs et au respect de la Loi.

D. — A qui appartient l'éducation des citoyens ?

R. — Aux familles d'abord, et, à leur défaut, à l'Etat.

D. — En vertu de quel principe ?

R. — En vertu du principe de la moralisation des citoyens, qui appartient à l'Etat, dans l'intérêt général.

L'Etat a pour mission non-seulement de réprimer et de punir toute atteinte aux droits des citoyens, mais encore de prévenir les délits et les crimes, en élevant le niveau moral et intellectuel de la société.

D. — Quel est, à cet égard, le devoir de l'Etat ?

R. — C'est de créer un vaste système d'éducation nationale, embrassant toutes les branches de l'activité humaine, et ayant en vue le développement physique, intellectuel et moral de tous les citoyens, afin de les rendre tous, sans exception, aptes à s'acquitter dignement des prescriptions de la Loi.

D. — Quel est, surtout, à côté du développement des facultés, le point essentiel de l'éducation sociale?

R. — C'est de donner aux jeunes citoyens de bonnes habitudes.

D. — Pourquoi?

R. — Parceque les citoyens ne sont, une fois devenus hommes, que ce qu'ils ont pris l'habitude d'être étant enfants; car, les habitudes d'agir, de penser, de raisonner ou de croire, ont une influence puissante sur la vie et la conduite. L'habitude, d'ailleurs, est une seconde nature: en général, nous continuons, sans interruption, jusqu'à la fin de nos jours, à vivre selon les idées reçues dès notre première jeunesse, quand même ce soient des idées fausses ou injustes, car peu d'hommes ont le courage et la persévérance nécessaires pour changer leurs mauvaises habitudes, lorsqu'ils s'en aperçoivent. Aussi l'éducation fait-elle non-seulement les individus, mais encore les nations.

D. — Quels sont les bienfaits de l'éducation, pour un peuple ?

R. — 1° En cultivant l'intelligence et la moralité de chaque citoyen, elle fait des hommes virils, ayant le sentiment de leur dignité et de leur valeur, capables de tous les dévoûments et de tous les sacrifices, pour s'élever à la hauteur de leur mission, comme pères de famille et comme patriotes ;

2° Elle efface les inégalités sociales, en mettant au même rang tous les enfants d'une même patrie, après les avoir formés aux mêmes leçons et leur avoir appris qu'il n'y a de supériorité parmi les citoyens que celle du mérite ;

3° Elle assure la liberté, dont elle facilite tous les développements pratiques, en inculquant à tous, les principes du vrai progrès ;

4° Enfin, elle est le fondement du bien-être populaire et de la fraternité, en faisant connaître le prix du travail et de la vertu, ainsi que l'utilité des associations mutuelles et philanthropiques, qui protégent l'homme contre la maladie, le chômage et la vieillesse.

D. — Qu'est donc l'éducation par rapport à la Loi ?

R. — C'est son soutien le plus efficace et le plus nécessaire. La Loi, sans l'éducation, serait impuissante, non-seulement à diriger un peuple, mais à obtenir le respect qu'elle commande et la moralisation qu'elle a pour but.

Sans l'éducation, la Loi s'adresse à un peuple dégradé, qui obéit par peur, qui élude la Loi par ruse ou par habileté, qui est appelé à tomber peu à peu dans l'abaissement, dans l'oubli de lui-même, et à devenir l'esclave d'un maître, ou la proie d'un vainqueur.

IX

L'IMPOT

NÉCESSITÉ ET BUT DE L'IMPÔT — PRINCIPES SELON LESQUELS L'IMPÔT EST ASSIS

D. — L'État peut-il subsister sans ressources ?

R. — Non ; pas plus que la famille, pas plus que l'individu, l'Etat ne peut se passer d'un revenu.

D. — A quoi ce revenu lui est-il nécessaire ?

1° A l'entretien d'une armée et d'une marine pour la défense de la Nation ;

2° Au paiement des fonctionnaires chargés, les uns de l'administration de la justice, les autres de celle des fonds publics, d'autres, de l'application des lois et des décrets, d'autres, enfin, de l'enseignement de la religion et de la morale : fonctionnaires, qui se consacrent entièrement aux services publics, et auxquels il est juste d'assurer des moyens d'existence, conformes à leur position ;

3° A la construction, à la conservation et à la surveillance des routes, canaux, ports de mer, digues, monuments, travaux d'utilité générale ;

4° A la fondation et à l'entretien d'institutions scientifiques, littéraires, industrielles et philanthropiques, telles que : écoles supérieures, lycées, écoles primaires, hôpitaux, etc. ;

5° Enfin, à tous les services que l'État rend aux citoyens, en vue de leur bien-être, de leur instruction, de leur moralité, de leur prospérité, de leur sécurité et de leur liberté.

D. — Comment sont appelées ces ressources nécessaires à l'État?

R. — Impôts ou contributions.

D. — Pourquoi ces dénominations?

R. — Parce que c'est la Nation qui *s'impose* volontairement les sommes d'argent, au moyen desquelles elle contribue à l'administration, à la défense, à l'instruction, à la moralisation, à la prospérité du pays.

D. — Quel est le but de l'impôt?

R. — C'est de permettre et de faciliter à l'État l'accomplissement de sa mission protectrice des droits de tous les citoyens.

D. — Quels sont ceux qui doivent payer l'impôt?

R. — Ce sont naturellement tous les citoyens, en raison de leurs moyens, puisque tous participent aux bienfaits des diverses institutions que l'impôt est destiné à soutenir et dont l'ensemble constitue l'ordre social.

D. — L'impôt est donc plus qu'une obligation imposée par la Loi?

R. — Oui : c'est surtout un devoir de conscience, une dette à laquelle on ne saurait se soustraire par un moyen détourné, sans manquer à la probité.

D. — Celui qui échappe frauduleusement à l'impôt, n'est-il coupable que de trahir ses obligations envers la Loi?

R. — Il l'est également envers ses concitoyens, en ce qu'il les fait payer à sa place, en se déchargeant sur eux de sa part contributive ; c'est comme un vol qu'il commet indirectement à leur égard, de sorte qu'il n'est pas plus honnête homme que bon citoyen.

D. — Sur quels principes l'impôt doit-il être assis, pour être juste et utile?

R. — 1° Sur une répartition équitable

faite sur toute fortune; 2° sur sa proportionnalité, d'un côté, aux ressources des contribuables, et, de l'autre, aux besoins publics ; 3° sur son administration la plus économique et la plus propre à produire le bien général.

D. — Combien y a-t-il de sortes d'impôts?

R. — Deux : les contributions directes et les contributions indirectes.

D. — Que sont les contributions directes?

R. — Ce sont celles qui sont payées, *directement*, par chaque citoyen, au trésor de l'État, chez les percepteurs.

D. — Que sont les contributions indirectes?

R. — Ce sont celles qui frappent les objets de consommation, les différentes productions ou marchandises du pays, telles que le sel, le vin, les tabacs ; ce sont les produits des octrois, des douanes, des postes, du timbre, de l'enregistrement des actes publics ou privés.

Ces contributions, les marchands les paient premièrement, lorsqu'ils achètent leurs marchandises; puis, à leur tour, pour s'en dédommager, ils augmentent d'autant le prix de leurs marchandises, afin que l'acheteur leur rembourse ce qu'ils ont donné à l'État, de sorte que les citoyens ne les paient qu'*indirectement*, et à mesure de leur consommation.

D. — Qui détermine la quotité des impôts?

R. — C'est la Nation elle-même, par l'organe de ses députés, qu'elle choisit et nomme par ses libres suffrages, et qui fixent chaque année le chiffre des dépenses nécessaires aux services publics, avec celui des recettes qui doivent les fournir.

D. — Pourquoi les mandataires seuls ont-ils le droit de voter les impôts?

R. — Parce que la propriété est inviolable dans l'ordre politique comme dans l'ordre social, et que, si la Nation n'avait pas le droit de disposer elle-même de ses richesses, à l'aide de ses députés constitués en Assemblée nationale, elle serait livrée à la merci d'un maître qui aurait la faculté de l'exploiter à son gré, de sorte qu'elle cesserait de s'appartenir et serait un peuple d'esclaves.

D. — Qu'est-ce donc, en définitive, que l'impôt?

R. — C'est la portion de son revenu, que la Nation, par l'organe de ses mandataires, consacre annuellement aux besoins de l'État.

D. — L'Assemblée nationale vote-t-elle tous les impôts?

R. — Non; il y a 1° des dépenses départementales, couvertes par des contributions que votent les conseils généraux ou assemblées départementales, et 2° des dépenses communales, spéciales à chaque commune, et qui sont votées par les conseils municipaux.

D. — Quelle est la base des contributions départementales et communales?

R. — C'est l'impôt direct voté par l'Assemblée nationale. Les conseils municipaux votent les centimes additionnels aux contributions directes, c'est-à-dire, qu'un certain nombre de centimes par chaque franc est dû par le contribuable pour couvrir les dépenses du département et de la commune. Une partie du produit de l'octroi est aussi attribué à la commune.

D. — N'y a-t-il pas un impôt d'un autre genre que chaque citoyen doit à l'État?

R. — C'est l'impôt du sang, ou, en d'autres termes, le service militaire. Quand l'État est menacé, il a besoin de bras pour le défendre, comme il a besoin d'argent pour vivre.

D. — Quels sont les citoyens qui n'ont pas à payer cet impôt?

R. — Ce sont : les vieillards, les infirmes, et les soutiens indispensables de leurs familles infortunées, d'une mère veuve ou de frères et sœurs orphelins.

Hormis ces cas, tous les enfants d'une même patrie, doivent, quand elle est en péril, se presser autour d'elle pour lui faire un rempart de leurs corps, et mourir, s'il le faut, pour la défendre.

D. — Cet impôt n'est-il pas appelé à ne plus être exigible un jour?

R. — Assurément, lorsque les peuples, réformés par l'instruction et l'éducation, comprendront ce qu'il y a de cruel et de barbare à s'entr'égorger comme des bêtes féroces, ce qu'il y a d'injuste à empiéter sur les droits d'autrui, et combien il serait plus humain et plus sage de trancher leurs conflits par la conciliation, sous la juridiction d'un tribunal international et universel.

X

DROITS & DEVOIRS POLITIQUES DU CITOYEN

L'ÉLECTION — L'ABSTENTION — L'ÉLU — SA CONSCIENCE ET SES ÉLECTEURS — VRAI SENS DE LA DEVISE : LIBERTÉ, ÉGALITÉ, FRATERNITÉ.

D. — De l'obligation de payer les impôts, ne découle-t-il pas un droit sacré?

R. — C'est le droit d'élire ceux qui sont chargés de les voter et de diriger les affaires du pays.

D. — Sur quel principe repose ce droit?

R. — Sur celui de la souveraineté du peuple.

D. — Définissez ce principe.

R. — C'est le droit de la Nation de disposer toujours d'elle-même, de régler souverainement, et dans les limites des droits de chaque citoyen, tout ce qui est essentiellement collectif, tout ce qui a besoin du concours de tous pour être constitué, maintenu et perfectionné, comme par exemple, l'ordre, la sécurité, l'administration de la justice, la défense de la patrie.

D. — Comment le droit d'élection dérive-t-il du principe de la souveraineté de la Nation?

R. — Par l'impossibilité matérielle qu'il y a à ce que tous les citoyens à la fois, discutent et décident les questions communales, départementales ou gouvernementales, et par la nécessité, qui en résulte, de déléguer des mandataires qui s'acquittent, au nom de tous, de la mission de gérer, à divers degrés, la chose publique.

D. — Quelle est ainsi la mission de l'électeur?

R. — C'est de concourir à la nomination d'un certain nombre de représentants, pour former les conseils de la commune, du département ou du gouvernement, représentants, auxquels, selon que le terme l'indique, il délègue temporairement, par un vote, sa représentation, jointe à celle de tous les autres citoyens, au sein de ces diverses assemblées du pays.

D. — En quoi consiste le vote?

R. — A aller porter à la mairie, au jour désigné, un billet, appelé bulletin de vote, sur lequel est inscrit le nom du député choisi. Le vote terminé, on compte les bulletins, et le député qui a le plus de voix, c'est-à-dire, le plus de bulletins où son nom est inscrit, celui-là est l'élu.

D. — Quels doivent être les caractères de tout électeur?

R. — Tout électeur doit : 1° être, probe et habile, c'est-à-dire n'avoir encouru aucune condamnation flétrissante, ni perdu, par sa déloyauté, ses droits de citoyen ; 2° avoir même quelques notions d'économie sociale, afin que son vote soit honnête, libre, eclairé et utile au pays ; 3° être indépendant et ne voter que d'après les inspirations de sa conscience.

D. — Quel est le danger de l'ignorance de l'électeur?

R. — C'est qu'il choisisse les députés en aveugle, qu'il se laisse imposer son vote par des hommes de parti et passionnés, et que son vote, au lieu d'être utile à la prospérité du pays, ne contribue qu'à lui susciter des obstacles et des malheurs.

D. — Quels sont, donc, les premiers devoirs de l'électeur?

R. — Ce sont : 1° de s'instruire des grandes questions morales et sociales qui intéressent le pays ; 2° d'apprécier avec calme et jugement les divers candidats qui se présentent à ses suffrages ; 3° d'être énergique et incorruptible dans son opinion mûrement réfléchie ; 4° de ne porter au scrutin qu'un bulletin de vote qui soit la libre expression de sa conscience et des droits de tous les citoyens.

D. — Un électeur a-t-il le droit de s'abstenir ?

R. — Non : s'abstenir de concourir à une élection quelconque, c'est s'en désintéresser, c'est laisser le champ libre et le triomphe à ceux dont on ne partage pas, dont on condamne, souvent même, les opinions. Or, nul citoyen n'a le droit de demeurer indifférent aux questions qui intéressent son pays, et dont la solution importe, de près ou de loin, à sa propre destinée. D'ailleurs, l'élection n'est pas seulement un droit, elle est encore un devoir : l'abstention est donc non seulement une indifférence coupable et absurde, mais encore une désertion, une lâcheté, un crime, en même temps qu'une ingratitude envers l'État, qui protége tous les citoyens, et qui a droit de compter, en retour, sur le concours moral et matériel de chacun d'eux : ne point voter, ne point prendre part à ce grand acte de la vie d'un peuple, c'est donc faire acte de mauvais citoyen.

D. — Quels doivent être les titres d'un candidat à l'élection de ses concitoyens?

R. — Celui qui brigue l'honneur de représenter ses concitoyens au sein d'une assemblée quelconque, doit posséder : 1° des convictions sincères et nettement formulées ; 2° une indépendance de caractère qui l'abrite contre toute influence étrangère ; 3° la connaissance parfaite des questions qui seront soumises à son appréciation et à son vote, ainsi que celle des idées, des besoins et des aspirations du groupe d'électeurs dont il sollicite les suffrages.

D. — Quels sont ainsi les rapports qui doivent exister entre l'élu et ses électeurs ?

R. — Nécessairement, l'élu doit être en communauté de convictions sociales et politiques avec ceux dont il devient le mandataire, puisque les électeurs, en le nommant, ne veulent faire autre chose que le mettre en leur lieu et place, que le constituer le défenseur de leurs opinions et de leurs droits.

D. — Un élu doit-il accepter un mandat impératif de la part de ses électeurs ?

R. — Non : un tel mandat étant à la fois indigne et de lui et de ceux qui le délèguent. Il doit suffire à ses électeurs de le savoir en entière communauté d'idées avec eux, et ils n'ont qu'à s'en remettre à sa sagesse et à son énergie, pour l'accomplissement de son mandat librement accepté.

D. — Quels sont, dès lors, les droits des électeurs vis-à-vis de leur mandataire?

Ce sont : 1° de lui donner des avis ; 2° de surveiller sa gestion et ses votes ; 3° de lui en demander l'explication ; 4° d'approuver ou d'improuver son œuvre ; et 5° dans ce dernier cas, de lui retirer leur confiance, à l'expiration de son mandat.

D. — Où l'élu doit-il puiser sa règle de conduite, dans tous les actes de sa vie politique?

R. — Dans sa conscience : il ne doit parler, voter et agir, que conformément aux principes qu'il professe, et au nom desquels il a sollicité les suffrages de ses électeurs.

Mais, au nom de ces mêmes principes, il devrait renoncer à son mandat, le jour, où, à la suite d'un changement survenu dans ses opinions ou dans celles de ses électeurs, il ne serait plus avec eux, en communauté de principes et de convictions.

D. — A quoi doivent tendre les efforts patriotiques de tous les bons citoyens, soit comme électeurs, soit comme élus ?

R. — A la complète réalisation de cette devise de tout Gouvernement, digne de ce nom : *Liberté, Egalité, Fraternité.*

D. — Définissez les trois termes de cette devise glorieuse.

R. — La *Liberté,* c'est le pouvoir qu'a tout citoyen, 1° de cultiver, de développer et d'appliquer ses facultés, sans entraves ; 2° d'exprimer ses honnêtes sentiments, ses saines opinions, et de les faire partager à autrui, par la parole ou par la plume ; 3° d'améliorer sa situation, de satisfaire ses besoins et ses désirs ; 4° de suivre les impulsions de sa conscience et de sa foi.

Ce pouvoir, qui dérive de la nature humaine, a pour règle absolue, la justice, et pour limite infranchissable, la liberté d'autrui.

L'*Egalité*, c'est le droit égal de tous les citoyens, sans exception : 1° à la liberté de pensée, de conscience, de croyance et d'action ; 2° à la culture et au développement de toutes leurs facultés ; 3° à la jouissance et à la disposition du produit de leur travail ; 4° à la protection des lois et des institutions du pays, fondées elles-mêmes sur une égale justice pour tous.

La *Fraternité*, c'est ce sentiment d'amour et de bienveillance, gravé dans nos cœurs, qui fait que nous compâtissons aux souffrances et aux misères de nos concitoyens, qui nous excite à leur venir en aide, à adoucir leurs épreuves, à les relever de leurs infortunes, à leur faciliter leur mission, l'usage de leurs droits et de leur liberté, au nom de la Patrie, notre mère commune, à la gloire, à la prospérité de laquelle nous devons tous également concourir, en nous donnant mutuellement la main, et au nom du Créateur, dont nous sommes tous, au même titre, les enfants, et dont la justice et la bonté doivent être, pour tous les hommes, les règles absolues des mêmes droits et des mêmes devoirs.

FIN.

BENJAMIN MOSSÉ.

TABLE

Pages.

Dédicace à M. Adolphe Frank.... 5
Approbation de M. Adolphe Frank. 7

Première Partie.

I Dieu. — Devoirs religieux de l'homme.................... 11
II La famille. — Droits et devoirs des divers membres de la famille.... 29
III La Société. — La mission de l'homme, ses droits et ses devoirs sociaux.................. 47
IV La Patrie. — Ce qu'est la patrie. — Dévouement à la patrie. — Effets dissolvants de la théorie du cosmopolitisme............ 61
V La Propriété. — Principe de la propriété. Son développement et sa transmission............... 73

VI LE TRAVAIL. — Obligation du travail. — Sa liaison avec le capital dont il est la source. — Ses modes justes de rémunération : l'offre et la demande.............. 91

Deuxième Partie.

VII L'ETAT. — Conséquence de la société, sa constitution, la limite et ses droits........................ 109

VIII LA LOI. — Souveraineté de la loi. De quoi dépend son esprit.— L'éducation et la loi.............. 125

IX L'IMPOT. — Nécessité et but de l'impôt. — Principes selon lesquels l'impôt est assis.......... 135

X DROITS ET DEVOIRS POLITIQUES DU CITOYEN.— L'Election. — L'Abstention. — L'Elu. — Sa concsience et ses électeurs.— Vrai sens de la devise — Liberté-Egalité-Fraternité................. 145

SANDOZ ET FISCHBACHER, ÉDITEURS

33, RUE DE SEINE 33.

PARIS

EXTRAIT DU CATALOGUE GÉNÉRAL

Bibliothèque Franklin à 30 centimes le volume.

Collection de volumes à 30 cent., format in-32, de 150 à 200 pages, traitant d'histoire, de littérature, de voyages, de sciences, d'économie politique, domestique et sociale, d'hygiène, de jurisprudence vulgarisée, etc., etc.

1. **La Science du Bonhomme Richard**, ou le *Chemin de la Fortune*, par B. FRANKLIN, précédée de la *Jeunesse de Franklin*, par E. LABOULAYE.
2. **La Religion de la Santé**, principes d'hygiène, par le Dr BLACKWELL, traduction et préface de Mme MEUNIER.
3. **L'Histoire du Travail**, par Frédéric PASSY, honoré d'un *Rapport* très-favorable de M. Amédée THIERRY, à l'*Académie des Sciences morales et politiques*.
4. **Ce qu'on voit et ce qu'on ne voit pas**, par BASTIAT, avec une notice biographique et des notes, par Frédéric PASSY.
5. **Les Héroïnes de la Charité**, par Mme W. MONOD.
6. **La Mort de l'ivrogne**. par Charles DICKENS, traduction par Roger DALTON, avec une notice biographique.
7. **Les Travers des Paysans** par l'abbé TOUNISSOUX.
8. **Histoire de la Jacquerie**, par Eug. BONNEMÈRE.
9. **La Prévision du Temps**, par ZURCHER et MARGOLLÉ.

10. **La Question Sociale**, par Charles ROBERT.

11. **Le Code civil mis à la portée de tous.** — 1. *Des Successions*, par P. FARINE, avec figures explicatives.

12. **Turgot**, par Félix CADET, avec un portrait.

13. **Capital et Rente**, par Félix BASTIAT.

14. **Causeries sur la Mécanique**, par Michel LAPORTE, avec figures. (*Mention honorable de la Société d'instruction élémentaire.*)

15. **Histoire de France**, par Eug. BONNEMÈRE. Tome I : De l'invasion de Jules César à l'avènenent des Valois.

16. **Histoire de France**. Tome II : Les Valois.

Chaque volume est accompagné d'une gravure.

17 à 20. **Histoire de France**. Tomes III à VI (sous-presse.)

21 à 24. **Le Code civil mis à la portée de tous**, par P. FARINE. Tome II. (Les tomes III et suivants paraîtront sous peu.)

25 **Promenade géologique à travers le Ciel**, par Stanislas MEUNIER. (*Vient de paraître.*)

26. **La Grève des Patrons**, par H. ESCOFFIER.

27. **Les Syndicats professionnels.** — *Chambres de Patrons*, par J. L. HAVARD.

28. **La Russie actuelle**, par Ad. MARTIN, avec une carte.

29. **La Solidarité du Capital et du travail**, par F. PASSY. (*Vient de paraître.*)

30. **Le triomphe progressif de la loi sur la force**, par H. RICHARD. (*Vient de paraître.*)

31. **Le Devoir**, par E. de PRESSENSÉ (*Vient de paraître.*)

32. **Enseignement primaire et Apprentissage**, par G. SALICIS. (*Vient de paraître.*)

Bloch (N.) — *Le manuel du citoyen.* Droits et devoirs de l'homme. 1 volume in-18. 1 fr. 25

Bonnefon (D.) — Les Ecrivains célèbres de la France depuis l'origine de la langue jusqu'au XIXe siècle. 1 vol. in-12. 1871. 3 fr. 50

— Les Ecrivains modernes de la France, ou Biographies des principaux écrivains français depuis le premier empire jusqu'à nos jours. Ouvrage destiné à faire suite aux écrivains célèbres, à l'usage des écoles et des maisons d'éducation. 1 vol. in-12. 3 fr.

Bonnemère (**Eug.**) — *Histoire des paysans,* deuxième édition entièrement refondue et considérablement augmentée. 2 vol. in-12. 7 fr.

Chaix (PAUL).— *Précis de géographie élémentaire* 8e édition., revue et augmentée- in-12, 1873. 2 fr.

Conscience (MARIE.) — *Un million comptant.* 1 volume in-12. 3 fr. 50

Daguet (**A.**) — *Manuel de pédagogie ou d'éducation,* à l'usage des personnes qui enseignent et des amis de l'éducation populaire, seconde édition. 1 vol. in-12 3 fr.

Issleib (GUIL.) — *Atlas populaire de toutes les parties de la terre* à l'usage des écoles et des familles 24 cartes coloriées in-4° oblong (30 centimètres de longueur sur 24 de hauteur.) 1 fr. 50

— *Petit Atlas populaire de toutes les parties de la terre* à l'usage des écoles et des familles 14 cartes coloriées (même format que celui de 1 fr. 50 75 c.

Meunier (Mme HIPPOLYTE.)— *Le Docteur au Village. Entretiens familiers sur la Géographie industrielle de la France* 1 vol. in-18 avec 45 cartes hors texte dressées par J. Hansen et 35 gravures intercalées. 2 fr.

Ouvrage couronné par la Société pour l'Instruction élémentaire. (Médaille de vermeil.)

Paroz (JULES.) — *L'enseignement élémentaire.* Plan d'études et leçons de choses pour les enfants de 6 à 9 ans deuxième édition revue et augmentée, 1 vol. in-18. 2 f.

Plouard (F. L.) *Les Constitutions françaises* votées par les chambres depuis 1788 jusqu'en 1870 1 volume in-8. 5 fr.

Rambaud (PIERRE.) — *Gaston Renaud l'ouvrier* 1 volume in-12. 3 fr.

Robert (CHARLES.) — *Le Partage des fruits du travail.* Etude sur la participation des employés et ouvriers dans les bénéfices. 1 vol. in-32. 40 c.

Steeg (JULES.) — *Falcyrac.* — Histoire d'une commune rurale, 1 vol. in-12. 3 fr.

Vulliet (**A.**) — *Abrégé de géographie physique* à l'usage des écoles et des familles. Ouvrage destiné à intéresser à l'étude de la géographie au moyen de la description pittoresque des contrées et de l'indication de leurs produits les plus remarquables. 3e édition, revue et augmentée. 1 vol. in-12, cartonné. 1871. 80 c.

— *Abrégé de géographie politique,* à l'usage des écoles et des familles. 3e édit., revue et augmentée. 1 vol. in-12, cartonné. 1873. 90 c.

— *Nouvelle Géographie physique illustrée.* Ouvrage destiné à intéresser la jeunesse par la description d'animaux, de minéraux, de plantes utiles, etc., et au moyen d'un grand nombre de gravures intercalées dans le texte. 5e édition. Première partie : *Océans, Asie, Europe* 1 vol. in-12. 3 f. 50

— Deuxième partie : *Afrique, Amérique, Océanie.* 1 vol. in-12. 3 fr. 50.

COLLECTIONS D'OUVRAGES

Pour Bibliothèques populaires,

LECTURES DE FAMILLES

I

LE FOYER

Scènes de la vie de famille aux Etats-Unis.

Par Miss PEDGWICK,

Traduit de l'Anglais par Mme Gaël.

1 beau volume in 12. Prix: 1 f. 50.

II

LA PIÈCE DE VINGT FRANCS

Par Marie CONSCIENCE.

1 beau volume in-12. Prix: 1 f. 50.

III

MAURICE LE PARISIEN

Nouvelle

Par l'auteur de *Juliette la Noiraude.*

1 beau vol. in-12. Prix: 1 f. 50.

AVIGNON, TYP. A. ROUX, RUE BOUQUERIE, 7.

www.ingramcontent.com/pod-product-compliance
Ingram Content Group UK Ltd.
Pitfield, Milton Keynes, MK11 3LW, UK
UKHW022104190726
13855UKWH00002B/634